W0313987

Anna Fuchs

Wanderfisch

mit dem Rucksack von Berlin nach Franken

Schreiben ist die Erinnerung an das jeweils Gelebte und eine Wiederholung des Geschehens an einem anderen Ort und Zeitpunkt.

IMPRESSSUM

Bestellungen über den Buchhandel
oder direkt bei www.epubli.de

Copyright: © 2020 by Anna Fuchs,
Totilastr. 1, 12103 Berlin
https://agentur-seitenblick.de

Korrektur und Layout: KORRLAY – Iris van Beek, Berlin
Cover-Foto: Anna Fuchs
Fotos: Anna Fuchs
Druck und Verlag: epubli – ein Service der neopubli GmbH, Berlin

Das Werk und seine Teile sind urheberrechtlich geschützt. Jede Verwertung in anderen als den gesetzlich zugelassenen Fällen bedarf der vorherigen schriftlichen Einwilligung der Autorin.

Alle Rechte vorbehalten
Printed in Germany
Preis: 12 Euro

Für meinen Schwager Lothar, der nicht glaubte,
dass ich mein Vorhaben verwirkliche,
und der uns inzwischen verlassen hat.

Die letzte Etappe machten wir
– trotz seiner schweren Erkrankung –
noch gemeinsam.

Inhalt

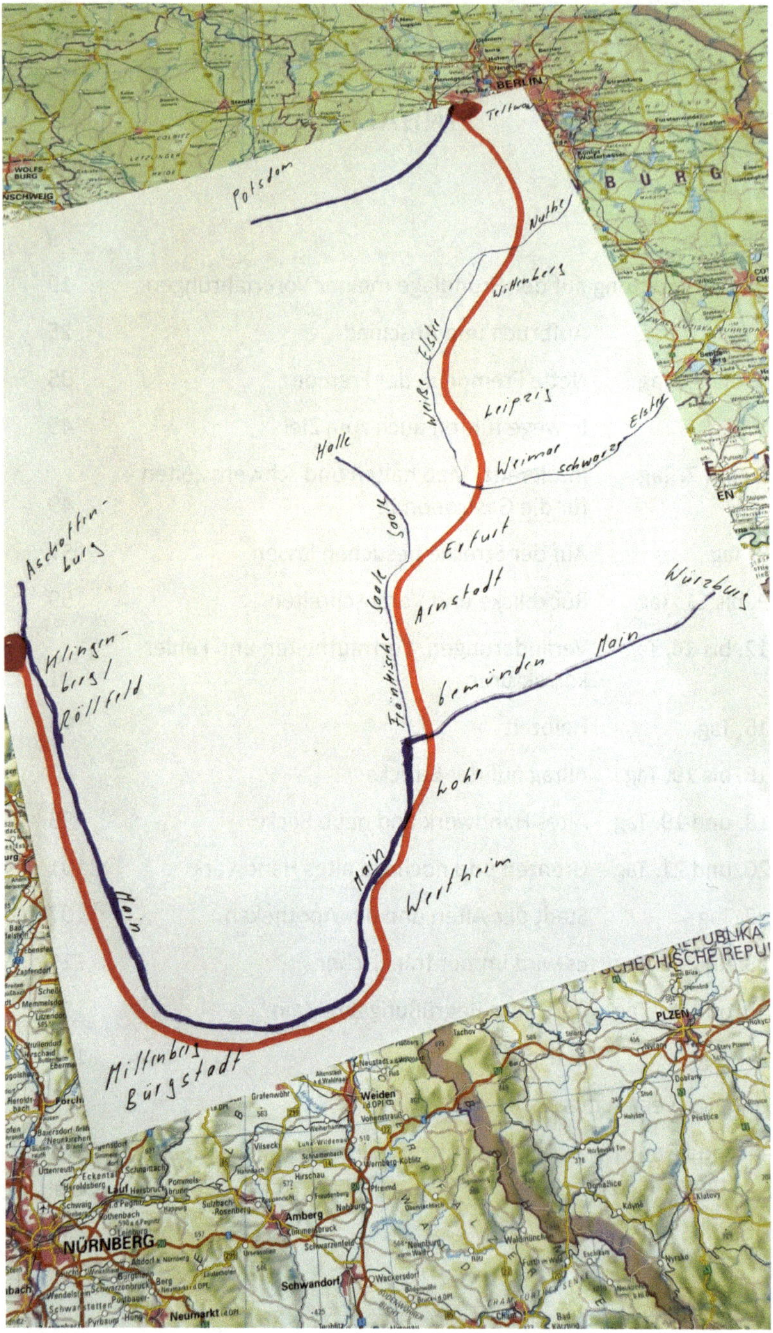
Potsdam
Teltow
Nuthe
Wittenberg
Weiße Elster
Leipzig
Halle
Weimar
Schwarze Elster
Saale
Erfurt
Arnstadt
Aschaffenburg
Würzburg
Main
Klingenberg / Röllfeld
Fränkische Saale
Gemünden
Lohr
Main
Wertheim
Main
Miltenberg
Bürgstadt
BERLIN
NÜRNBERG
Weiden
Amberg
Schwandorf
PLZEN

Die Idee

„Gehen ist die Faszination,
mit eigener Kraft und Willensstärke
einen Weg zu gestalten."

Was treibt mich dazu, nach Franken aufzubrechen? Alleine, nur mit meinem Rucksack und meinem Willen, etwas zu schaffen, was ich mir vorgenommen habe?

Alleine unterwegs sein bedeutet, sich immer wieder neu ausprobieren zu können. Mit dieser Erfahrung aus meinen vergangenen Touren gehe ich an mein Vorhaben heran. Jetzt, mit meinen 62 Lebensjahren, will ich diesen Traum verwirklichen, wobei ich empfinde, dass die Umsetzung nicht von meinem Alter abhängig ist. Diese Tour ist genau mein Vorhaben und ich weiß ganz genau, ich muss es verwirklichen.

Ich bin schon immer gerne losgezogen. Häufig aber in die unbekannte Ferne. Neues zu entdecken, mich mit anderen Kulturen, Mentalitäten und Sprachen oder einfach mit einem anderen Lebensstil zu konfrontieren, war schon lange mein Ding, seitdem ich zurückdenken kann.

Bald war mir in meinem Geburtsort alles zu klein, zu eng, zu eingefahren, zu festgelegt und die Wege zu vorgegeben, die ich gehen sollte, konnte. Heiraten, Kinder bekommen,

Vereinsleben oder etwa Kommunalpolitik reizten mich nicht. Das Überschaubare, Sichere und Erreichbare forderte mich nicht heraus. Aber war es denn so erreichbar für mich?

Die Rollen und Plätze, die in diesem Dorf meiner Kindheit verteilt werden sollten und es immer wieder werden, sind geknüpft an Kriterien, die erfüllt werden müssen, z. B. das richtige Elternhaus. Vater und Mutter sollten ein bestimmtes Ansehen im Dorf hatten. Am besten Ehrenbürger sein. Die Fußstapfen müssen von der vorherigen Generation schon hinterlassen worden sein, damit man dort bequem reinstapfen und auf alten, vertrauten Wegen weiterlaufen kann.

Das gab es nicht für mich, da meine Eltern Kriegsflüchtlinge im eigenen Land waren und sich in diesem kleinen fränkischen Dorf gefunden haben. Wir wurden geduldet, gehörten dazu und gehörten auch wieder nicht dazu.

Manchmal habe ich davon geträumt, es den Leuten im Dorf zu zeigen, dass wir auch eine ganz normale Familie sind. Auch wenn wir zu Hause sechs Kinder waren und uns um unsere todkranke Mutter kümmern mussten. Ich wollte mit 12 Jahren den Haushalt führen können. Das war meine Rolle – als älteste Tochter fühlte ich mich verpflichtet, meine kranke Mutter zu vertreten.

Als ich mich dann zur Konditorin ausbilden ließ, träumte ich von der eigenen Konditorei/Bäckerei. Später wollte ich den Leuten im Dorf in meiner Phantasie zeigen, dass ich eine erfolgreiche Juristin sein kann und die Dorfkanzlei leite, zu der alle kommen, auch diejenigen, die von den Kindern aus dem „Fuchsbau" nichts gehalten haben, weil aus denen ja nichts werden konnte mit einem armen alleinerziehenden

Vater von sechs Kindern und dann einer kranken Frau, die noch während unserer Kindheit und Jugend verstarb.

Jetzt, wo ich älter werde, spüre ich die Lust und die Herausforderung, in das Vertraute aufzubrechen, als wäre es unbekannt und voller Abenteuer und Überraschungen.

Echte Vertrautheit kannte ich nicht, ließ sie nicht zu, suchte viel die Distanz und das Neue. Das schien mir angenehmer und schmerzfreier. Selbst die Vertrautheit meiner Kinderstube bot mir keine Orientierung. Denn es gab in diesem kriegszerstörten Häuschen, in dem ich aufgewachsen bin, wenig Orientierung, Werte oder Rituale.

Aber halt, das stimmt nicht ganz. Noch heute besinne ich mich zurück an die einzelnen Wochentage, die nicht nur Montag, Dienstag, Mittwoch, Donnerstag oder Freitag hießen, sondern auch Reste essen vom Sonntagsbraten, Kartoffeln und Quark, Pfannkuchen und Gemüsesuppe, Sauerkraut und Würstchen, Kartoffelsalat und Mainfische.

Samstags tobte die Kreissäge, bedient von meinem Vater, im Hof, ein Kaninchen oder Huhn wurde geschlachtet und ich buk als älteste Tochter, stellvertretend für meine kranke Mutter, immer häufiger den Sonntagskuchen.

Und dann kam sie doch – die Vertrautheit des Sonntags, die Spaziergänge, Ausflüge oder ausgedehnten Wanderungen in den Wald. Vertrautheit, Orientierung und Werte gab es durch diese immer wiederkehrenden Abläufe dadurch auch für mich.

Nur die Fußstapfen, die die Generationen vor mir hinterließen, waren nicht so stark und überzeugend, dass ich da hineinsteigen wollte. Ich wollte sehr früh eigene Fußstapfen produzieren und mich von dem vorgelebten Leben, besonders meiner Mutter, distanzieren. Sie lernte mit 17 Jahren meinen Vater beim Tanz kennen. Schnell war sie zum ersten Mal schwanger und die beiden mussten auf Druck meiner Großmutter heiraten.

Eine Schwangerschaft folgte der nächsten und es schien, als würde es das einzige Vergnügen und Erfolgserlebnis sein, wie meine Tante Lotte zu sagen pflegte. Heinz, Kurt, Hans und Franz, ein oder zwei Fehlgeburten und dann kam ich. Karola und Gunda bildeten den Abschluss der Kinderkette. Und dann kamen der Krebs und der frühe Tod meiner Mutter. Mit 39 Jahren hat sie sich entschieden, dem Leben den Rücken zu kehren und die Austrittskarte der schweren Krankheit zu ziehen. So erscheint es mir heute.

Schon sehr früh wollte ich ein anderes Leben, geprägt von außen, selbstbestimmt und selbstverantwortend. Das Vertraute, in das ich jetzt aufbrechen will, ist das Hinsehen auf dieses Leben sowie das Betrachten meiner eigenen Fußstapfen.

18 Jahre habe ich in dem kleinen Dorf in Unterfranken gelebt. Besuchte dort die Dorfschule mit mehreren Klassenzügen in einem Raum. Davor war ich in einem katholisch geführten Kindergarten, wo ich erstmals mitbekam, dass manche gleicher sind als andere.

Vor Ende der täglichen Betreuungszeit mussten wir Kleinen den Raum aufräumen. Den Einsatz, wer was zu machen hatte, bekamen wir von den Schwestern, die uns betreuten. Ich bekam stets den Besen und die Schaufel in die Hand gedrückt, um die Krümel unter den Tischen aufzufegen. Die Tochter des Bäckers hingegen durfte die Puppen, mit denen wir gespielt hatten, ins Regal zurücksetzen. Hier merkte ich, dass selbst Kinder ungleich behandelt werden.

In der Dorfschule selbst verschwanden schnell die ersten Mitschüler und Mitschülerinnen in andere Schulen. Die Kinder der örtlichen Lackfabrik gingen bald ins Internat. Später wechselten die Kinder aus den Geschäftshaushalten an die Realschule.

Für mich Mädchen aus dem „Fuchsbau" war die Volksschule vorgesehen, also blieb ich und strebte den derzeit in Bayern neu eingeführten, qualifizierten Hauptschulabschluss an. Den Hauptschulabschluss ohne Qualifikation absolvierte keiner mehr.

Meinem Vater musste ich in der Folge, im Jahre 1972, mit süßen 14 Jahren, klar machen, dass es für mich auch eine andere Perspektive geben muss, als seine Haushälterin zu sein. Diese Rolle wollte er mir zuschreiben, nachdem unsere Mutter gestorben war, bis der Mann käme, für den ich diese Dienste ausführen sollte.

Ich aber wollte raus, etwas lernen, Geld verdienen

und unabhängig sein. Den Schachzug, ins Hotel zu gehen, um Köchin zu werden, ließ mein Vater nicht zu, da ich ja dann Tag und Nacht nicht zu Hause gewesen wäre. Das wollte ich. Er nicht.

Da meine liebste Hausarbeit neben dem Kochen das Backen war – eine andere Welt hatte ich neben dem Dorfschulbesuch nicht –, ließ ich mich zur Konditorin ausbilden. Ich war sehr stolz, einen Beruf, ein Handwerk gelernt zu haben, mit dem ich die Welt erobern konnte. Mein Ausbilder, ein alter Handwerksmeister, predigte vor dem Abschluss meiner Berufsausbildung stets, dass Gesellenjahre Wanderjahre seien. Das gefiel mir. Damit war meine Rolle, die Haushälterin meines Vaters zu sein, endgültig gestorben.

Ich verließ also die heimatlichen Gefilde und zog Richtung Osten. Nach zwei Zwischenstationen in Neu Isenburg bei Frankfurt und in Illertissen im Allgäu landete ich im damaligen Westberlin. Das war 1976.

Mein Vater war geschockt, als er von meinem Plan hörte, und sagte: „Da musst du ja durch den Eisernen Vorhang fahren!“ und ich erwiderte, dann fahre ich da halt durch. Und das tat ich auch. Ich packte meinen alten VW-Käfer, der von mir zu einem Hippie-Wagen umgestaltet worden war, und fuhr durch den „Eisernen Vorhang“ auf der Transitstrecke Richtung Westberlin. Als frisch gebackene Führerscheinbesitzerin lernte ich unterwegs sogar noch, wie man einen Wagen abschleppt und half einem jungen Münchner auf diese Weise, von der Transitstrecke zu kommen.

Dann war ich in diesem Westberlin, in der größten Stadt, in der ich jemals lebte. Im Laufe der Zeit wurden die Wege immer vertrauter und bekannter. Vier Grenzübergänge, von denen ich häufig nur zwei benutzte, um über die Transitwege nach Westdeutschland zu kommen, wie wir sagten. Und innerhalb der Stadt überquerten wir den Grenzübergang, um hin und wieder nach Ostberlin zu gelangen.

Während dieser Zeit fuhr ich auf verschiedene Weise zurück nach Franken. Häufig mit meinem Käfer Richtung Hannover, selten über die DDR-Autobahn Richtung Leipzig und Thüringen, da die Autobahn dort in einem sehr schlechten Zustand und im Winter bei Eis und Schnee sehr gefährlich war. Hin und wieder genoss ich die alten Züge der Reichsbahn. Wenn man nachts fuhr, konnte man für sich und seine Mitreisenden ein Nachtlager im Abteil durch das Ausziehen der Sitze einrichten.

Die seit der Maueröffnung 1989 groß gewordene Stadt ist mein zentraler Lebensraum geworden und bisher geblieben. Dort lebe ich mit meinem Partner, mein erwachsener Sohn wohnt im Nachbarkiez. Hin und wieder habe ich daran gedacht, dieser Steinwüste den Rücken zu kehren und wieder in fränkischen Gefilden zu landen. Nie ist es dazu gekommen.

Ich habe mich indes mit Berlin arrangiert, bin vor Kurzem sogar Stadtführerin geworden und zeige liebend gerne den in Berlin lebenden Menschen ihr Umfeld, so wie ich mir meinen Lebensraum in und außerhalb Berlins sehr gerne betrachte. Diese Tätigkeit gibt mir auch beruflich eine neue Perspektive.

Die grünen und ruhigen Oasen, die Möglichkeit zu reisen, mein Liebster und mein Sohn in der Nähe, selbstbestimmt zu arbeiten und mein Wissen weitergeben zu können, binden mich inzwischen an diese Stadt, die ich eigentlich schon längst verlassen haben wollte. Hier habe ich meinen Lebensmittelpunkt und dies will ich derzeit nicht verändern.

Schon lange schlummerte in mir der Wunsch, diesen Punkt mit meinem Geburtsort zu verbinden und die Strecke zwischen Berlin und Franken zu Fuß kennen zu lernen.

Und als eine Gruppe von Geflüchteten 2015 zu Fuß von Würzburg nach Berlin lief, um auf ihre Situation in der Hauptstadt aufmerksam zu machen, habe ich mich gefragt, warum ich als Begleitperson nicht dabei gewesen bin. Diese Gruppe hat mir gezeigt, dass es machbar ist, diese Strecke einfach zu laufen. Kurz danach habe ich eine halbe Stelle als Bundesfreiwillige angefangen und Geflüchtete in ihrer Lebensgestaltung in Berlin unterstützt. Zu einer Deutschlanddurchquerung in diesem Zusammenhang, beispielsweise als Begleiterin von anderen Gruppen von Geflüchteten auf dem Protestmarsch, ist es leider nicht mehr gekommen.

Stattdessen habe ich mich inzwischen selbst auf den Weg gemacht und bin von Berlin nach Unterfranken gelaufen und habe dabei in 28 Tagen ca. 700 Kilometer zurückgelegt.

Mit diesem Buch möchte ich alle Leserinnen und Leser motivieren, den Rucksack aufzusetzen, um sich auf ihren kleineren und größeren Lebensraum einzulassen, die eigenen Wurzeln kennen zu lernen und um das vermeintlich Vertraute neu zu betrachten.

Dass ich meinem Buch den Namen „Wanderfisch“ gegeben habe, liegt daran, dass ich mich manchmal selbst als solchen sehe.

Wanderfische sind Fische, die nicht nur zwecks Fortpflanzung zwischen Meer- und Süßwasser hin- und herwechseln, sondern sie treten auch regulär in bestimmten Entwicklungsstadien im Süßwasser und somit an ihrem Herkunftsort auf. Ich will aus dem Häusermeer Berlin temporär zurück ins fränkische Gewässer, ganz ohne Fortpflanzungsidee, sondern im Entwicklungsstadium der Betrachtung meiner elementaren Lebensräume.

Durch Ver-, Zurück- und Weiterlaufen bin ich insgesamt bestimmt mehr als 800 Kilometer gelaufen. Obwohl ich mir zwischendurch kurze Mitfahrgelegenheiten, kleine Zug- und Busfahrten von insgesamt vielleicht 100 Kilometer geleistet habe, kann ich immer noch stolz behaupten, dass ich 700 Kilometer tatsächlich gelaufen bin.

Die Vorbereitung auf der Grundlage meiner Vorerfahrungen

Richtig packen bedeutet, sich auf das Wichtigste zu beschränken, aber auch an die Mitnahme von Schwung, Heiterkeit, Neugierde und gute Laune zu denken.

Laufen und Wandern war mein Thema, solange ich zurückdenken kann. Mir fällt das Lied ein: „Mein Vater war ein Wandersmann und mir liegt's auch im Blut …"

Tatsächlich habe ich meinem Vater diese Eigenschaft zu verdanken – seit Ende der 50er/Anfang der 60er Jahre gab es Sonntagsausflüge ohne Ende in die Natur. Oft mit Picknick oder Einkehr. Nicht selten erfüllte sich der Wunsch von uns Kindern, dass wir in jenen Wald wandern, wo ein Zuckerhäuschen stand. Das war eine kleine Schokoladenfabrik mitten im Wald, in der Nähe meines Heimatdorfes, wo es selbstgemachte Schokoladenfiguren gab, die aus einem Laden in Form eines überdimensionalen Fliegenpilzes verkauft wurden. Dieser Verkaufsstand war märchenhaft verzaubert. Rundherum, quasi im Stamm des Pilzes, konnte man gemalte Märchenbilder mit Motiven der Gebrüder Grimm bestaunen. Es war gelebtes Märchen und Schlaraffenland zugleich, denn neben den Schokoladenfiguren gab es dann auch noch eine sehr leckere, hausgemachte Limonade. Unglaublich, dass es so etwas einfach mitten im Wald gab. Später erfuhr ich, dass diese kleine Produktionsstelle als Familienbetrieb für ein lungenerkranktes Mitglied einer Unternehmerfamilie geschaffen wurde, aufgrund der guten und heilenden Luft dort im Wald und auf der Höhe.

Aber jeden Sonntag ging es nicht zu diesem Ort, da die Tour nur eine Stunde dauerte und mein Vater gerne ausschweifende Touren von mehreren Stunden oder den ganzen Tag plante. Die größte Tour des Jahres gab es immer am 1. Mai. Mit der aufgehenden Sonne ging es los und mit der untergehenden Sonne zurück. Ich erinnere mich an eine 40-Kilometer-Tour, auf der ich, da ich die Kleinste in der Gruppe war, viel auf den Schultern der Mit-Wandernden getragen wurde.

Offensichtlich ging es überwiegend „kindgerecht“ zu und nicht abschreckend, denn jedes Mal freute ich mich aufs Neue, wenn wir sonntäglich durch die Wälder zogen. Für mich wurde der fast wöchentliche Wandertag halb- oder ganztags eine Art Orientierung in meiner Kindheit und bald so selbstverständlich, wie der Sonntagsbraten, der Gemüseeintopf am Mittwoch oder die Pellkartoffeln mit Quark oder Fisch am Freitag.

Innerlich und irgendwann auch äußerlich gestreikt habe ich bei diesen Touren erst als ich Teenagerin war. Dennoch kam es „mit dem Laufen“ nicht zum Bruch, nur vorübergehend zu einem Streik, wenn Spannenderes in meiner Generation anstand.

In meinem jungen Erwachsenenleben setzte ich des öfteren den Rucksack auf, um durch Länder Europas zu tingeln. Geld für das Vorwärtskommen hatte ich nicht oder wollte ich nicht ausgeben. So fuhr ich häufig mit einer Freundin oder alleine per Anhalterin oder lief von A nach B mit dem Rucksack auf dem Rücken. Touren von Hütte zu Hütte in den Alpen und eine Neuseeland-Umrundung zu Fuß und per Anhalterin kamen hinzu. Der Rucksack wurde auf diese Art und Weise immer mehr mein vertrauter Begleiter.

Eine Korsikadurchquerung in der Gruppe im Jahr 2013 schulte mich im „sinnvollen Rucksackpacken". Und auch bei der Vorbereitung auf meine Wanderung nach Franken gab mir mein organisierter Rucksack das Selbstvertrauen, dass man all das, was man auf einer Tour benötigt, auch selbst tragen kann.

Vieles meiner Ausrüstung war noch aus vergangenen Touren vorhanden. Mir war wichtig, dass Rucksack und Schuhe auf jeden Fall stimmen müssen. Dafür machte ich in der Stadtnatur von Berlin zwei Probeläufe, jeweils einen vollen Tag lang, bevor ich meine Wanderung startete.

Bei den Klamotten achtete ich darauf, dass sie leicht und schnell zu trocknen sind. Und das, was ich am Leib trug, war in gleicher Ausstattung nochmals im Rucksack.

Hinzu kam ein zweites Paar Schuhe, in Form von Sandalen, und eine Regenhose sowie eine Regenjacke, die ich so gut wie nie zum Einsatz bringen musste, da mein Wandermonat von Ende August bis Ende September „Sonne pur" präsentierte, bei fast täglich sicheren 30 Grad, und ich nur bei einer Etappe im Regen lief.

Etwas Kuscheliges für die kühlen Nächte, die auch erst am Ende der Tour und dann nur vereinzelt auftauchten, einen Badeanzug, ein leichtes, kleines Handtuch, Kultur-, Medizinartikel, Kartenmaterial und minimalistische Kommunikationstechnik brachten meinen Rucksack dann auf ca. 7,5 kg. Somit war er tragbar und keine Last.

Und das fast wöchentliche „Nordic Walking in Berlin" brachte mir nicht nur viele neue Erfahrungen in der Sammlung meiner Stadtbilder von Berlin, sondern ließ mich auch einen „Lauf-Rhythmus" entwickeln, den ich auf meiner Tour von Berlin nach Franken gut gebrauchen konnte. Ein guter Freund empfahl mir, doch darüber nachzudenken, die Stöcke mit auf die Tour zu nehmen. Bei einer Probewanderung mit meinen Nordic-Walking-Stöcken hatte ich sofort ein vertrautes Gefühl und konnte beobachten, dass der Schritt dynamischer wurde, sobald es zum Stockeinsatz kam. Also kamen meine zusammenschiebbaren Stöcke mit auf die Tour, um mir am Morgen den nötigen Anschub zu geben, um ins Laufen zu kommen, und abends und tagsüber auf der Strecke den nötigen Schwung, um noch ein Stück zu schaffen. Darüber hinaus gaben sie mir auch ein Gefühl von Sicherheit, um mich eventuell bei Angriffen von Hunden wehren zu können oder auf mich aufmerksam zu machen, wenn ich als Fußgängerin ignoriert wurde oder Hilfe brauchte.

Es war ein schönes Gefühl, sich nur auf die notwendigen Dinge zu reduzieren.

Von Anfang an entschied ich mich dafür, spätestens bei Einbruch der Dunkelheit unter Menschen zu sein und dort auch die Nacht zu verbringen. Dort, wo sich „Fuchs und

Hase gute Nacht sagen", wollte ich nicht mehr sein, wenn die Sonne untergegangen war. Ein tägliches Bett für mich auf der Strecke war eingeplant. Ebenso ein Essen davor. So musste ich weder Übernachtungsutensilien noch größere Vorräte mitschleppen, sondern konnte mich mit genügend Wasser und einigen Nüssen im Rucksack begnügen.

Bezüglich der Kosten orientierte ich mich an den in Betracht kommenden Übernachtungen, denn hier war der Löwenanteil der Ausgaben zu erwarten. Ich kalkulierte also für ca. 30 Übernachtungen und ging davon aus, dass ich dafür zwischen 30 und 50 Euro pro Nacht bezahlen müsste. Mir war natürlich klar, dass es viel zu wenige einfache Unterkünfte in Deutschland gibt, die einen schlichten Herbergscharakter haben und einer Wandersfrau, die am Abend müde irgendwo ankommt, nur ein ruhiges Bett, eine Kochgelegenheit und eine Dusche bieten. Ich rechnete daher mit Hotel- und Pensionskosten und mit Einzelzimmerzuschlägen und so kam es dann auch. Ich zahlte in der Regel zwischen 30 und 50 Euro pro Nacht, manchmal auch etwas mehr, selten weniger. Vorgefunden habe ich Hotel- und Pensionszimmer, Privatunterkünfte und Hostels. In Heuböden oder auf Polizeistationen, wie in früheren Zeiten, habe ich nie übernachtet.

Für meine Verpflegung kalkulierte ich in etwa das gleiche Geld wie im Berliner Alltag und dann noch ein wenig Reserve für unvorhergesehene Fahrten oder Ausgaben für Pflege und Medikamente.

Nachdem meine Entscheidung zur Tour gefallen war, kaufte ich mir zunächst eine große Deutschlandkarte und zog mit einem Textmarker einen Strich quer durchs Land, von Berlin nach Franken. Daran wollte ich mich auf meinen täglichen Wegen und Strecken orientieren.

Im Kartenladen wurden mir Fahrradkarten empfohlen, auf denen auch die Wanderwege eingezeichnet sind. Das hat den Vorteil, dass das Laufen auf den Radwegen berechenbarer ist als auf Wegen und Pfaden durch die Botanik. Ich musste auf diese Weise nicht immer mit tückischen Wurzeln oder Steinen rechnen, da diese Wege besser aufbereitet sind.

Weiterhin orientierte ich mich an Flusstälern, da sie landschaftlich sehr attraktiv sind und ich so den täglichen Auf- und Abstieg, speziell in den Bergen von Thüringen vermeiden konnte.

Und wenn ich mal nicht mehr weiterwusste, habe ich mein Google-Laufprogramm eingeschaltet, Einheimische nach dem Weg gefragt und immer wieder meinen gesunden Menschenverstand genutzt.

Auf diese Art und Weise habe ich bei meiner Landdurchquerung völlig selbstbestimmt einen guten und einmaligen Weg nur für mich gestaltet und freue mich sehr, dass es neben dem berühmten „Jacobs-Weg" und wie sie alle heißen, nun auch noch meinen ganz persönlichen „Anna-Weg" gibt.

Aufbruch und Abschied

1. Tag

Ich kriege nicht genug vom Draußensein,
vom Landschaftsbaden, von der Selbstbestimmung
und von dem immer wiederkehrenden Auftrag
von „Schuhe an und los".

Die Freude und Neugierde auf die vor mir liegende Strecke ist riesengroß und am 25.08.2019 laufe ich in Berlin Tempelhof los. Endlich vorbei mit dem Stress des Planens und Vorhabens. Es geht los und das ist viel einfacher als all die Prozesse davor. Es gehört zu meinem Konzept, gleich von der Wohnung aus zu starten. Schuhe an, Rucksack auf und los.

Ach, wie ich das liebe, denn dieses Gefühl kenne ich seit meiner Kindheit, wo hinter meinem Elternhaus die Felder und Wälder losgingen und einfach immer da waren. Ganz oft wusste ich, dass ich gleich durch Wiesen und Felder streifen konnte und dieses Gefühl knüpfte an ein ganz frühes Freiheitsgefühl an, da ich bereits mit drei Jahren alleine in den Dorfkindergarten laufen konnte oder durfte. Türe auf und los, die kleine Dorfstraße runter, vorbei an dem Dorfbrunnen, den Duft des morgendlichen Brotes der Dorfbäckerei in der Nase und schon war ich da.

Türe auf und los war auch mein Motto, wenn ich um die Mittagszeit meinem Vater entgegenrannte, wenn er aus dem örtlichen Kieswerk kam, um seine Mittagspause zu Hause zu verbringen oder wenn er Feierabend hatte. Ach, wie stolz war ich, dass ich dann auf der Stange seines Fahrrades oder auf dem Gepäckträger Platz nehmen konnte und diesen von ihm ausgehenden Geruch – eine Mischung aus Schweiß und Motoröl – einatmete.

Heute begleitet mich mein Liebster bis in die erste kleine Stadt nach Teltow. Immer am Kanal entlang laufen wir, vorbei an bekannten Plätzen, die wir bereits vorher mit dem Rad oder zu Fuß besucht haben. Der Teltowkanal fließt fünf Minuten entfernt von unserer Wohnung und ist mir durch das wöchentliche Walken und die Touren als Gästeführerin

sehr vertraut. Auch habe ich die Strecke bis Teltow, die wir gemeinsam zurücklegen, mit dem Schiff gemacht und die Blicke aus dem Panoramafenster in den „Kanaldschungel" hinein genossen.

Aufgrund der großen anstehenden Hitze starten wir bereits sehr früh und haben schnell über 26 Grad Anfangstemperatur. Die Route wird immer lauschiger und verwunschener. Die Kanallandschaft immer wilder und verwachsener. Unter großen schattigen Bäumen rechts und links des Kanals lässt es sich gut gehen.

Wir erreichen Teltow und trinken in einem Garten-Café auf dem Marktplatz eine große Rharbarbersaftschorle und genießen den schattigen Platz, den wir noch ergattern konnten. Das Thermometer ist inzwischen auf über 30 Grad geklettert.

Für die nette Aktion an diesem Sonntag in Teltow, den Tag der offenen Höfe und für all das alte Handwerk, das in diesem Zusammenhang präsentiert wird, haben wir keinen Sinn, da unser Abschied vor der Türe steht, der uns so unter Stress setzt, dass wir uns beim Abschiednehmen auch noch streiten.

Die Hitze hat ihren Höhepunkt erreicht. Es sind jetzt über 35 Grad. Ich packe meinen Sonnenhut aus, creme mich mit Sonnenmilch ein, nehme einen Schluck Wasser und stapfe in eine andere Richtung als mein Liebster. Heute Abend noch will ich Ludwigsfelde erreicht haben. Mein Schatz indes wartet alleine an einer einsamen Bushaltestelle auf den Bus, der ihn in unsere vertraute und kühle Wohnung zurückbringt. Mit einem weinenden und einem lachenden Auge beginne ich meine Tour.

Es tut gut, unter freiem Himmel zu wandern und den Gedanken freien Lauf zu lassen, auch wenn es immer wieder die gleichen Gedanken sind. Es wird sehr deutlich, dass ich mich auf dem Weg in den Süden befinde. Jeder Sonnenstrahl erinnert mich daran. Ich ziehe mir den Sonnenhut immer tiefer ins Gesicht, stelle den Kragen hoch und bedecke meine Arme mit den runtergerollten Ärmeln des Wanderhemdes.

Als ich auf eine Straße ohne Geh- und Radweg gerate, bietet mir eine ca. 80-jährige Frau eine Mitfahrgelegenheit in ihrem Auto für die nächsten zwei Kilometer an, bis der sichere Wanderweg wieder weitergeht, wie sie sagt. Ich zögere, will nicht einsteigen, da ich mir die vorgenommene Durchquerung von Berlin nach Franken doch zu Fuß vorgestellt habe. Das Zurückgreifen auf fahrbare Untersätze sollte nur in Notfällen passieren. Und jetzt am ersten Tag schon die Ausnahme? Die Frau motiviert mich, indem sie sagt, dass es Sinn mache, diese kurze Strecke, die so gar nicht zum Laufen geschaffen sei, fahrend zu überbrücken.

Später erinnere ich mich hin und wieder an ihre Worte. Um sinnvoll auch mal vorwärtszukommen, um noch rechtzeitig aus der Landschaft vor einem aufziehenden Gewitter zu fliehen oder um noch vor Einbruch der Dunkelheit einen Schlafplatz zu erreichen, dafür greife ich doch ab und zu (jedoch sehr selten) auf eine Transportmöglichkeit zurück.

Am liebsten wäre die Frau meiner ersten Mitfahrgelegenheit mitgelaufen, wie sie sagt, und als sie bemerkt, dass mein Rucksack doch ziemlich schwer aussieht, fragt sie, ob ich mich auf das Nötigste begrenzt habe. Sie scheint Erfahrung im Umgang mit Wandergepäck zu haben. Dann erzählt sie, dass sie von ihren Enkeln, mit denen sie viel unterwegs war, das Rucksackpacken gelernt habe und wüsste, wie man sich einschränken könne. Ich bin beeindruckt, dass Enkel auf diese Art und Weise Großmütter coachen können.

Am frühen Abend erreiche ich Ludwigsfelde, eine Straßenstadt, die sich kilometerlang hinzieht. Die Schritte werden immer kleiner und zäher, bis ich in meinem Zimmer am Bahnhof ankomme, das ich für die erste Nacht gebucht habe. Es ist eine schlichte Unterkunft neben den Gleisen.

Im Hof, direkt unter meinem Fenster, sitzen osteuropäische Arbeiter und genießen ihren Feierabend bei sich abkühlender Temperatur und sie haben sich viel zu erzählen. Ihre Stimmen klingen angenehm und nicht störend und halten mich nicht davon ab, völlig erschöpft meinen Feierabend von meinem ersten Tourentag ausklingen zu lassen.

Ich reiße mir erst einmal die klatschnass geschwitzten Sachen vom Körper und erfreue mich an der erfrischenden Dusche, bevor ich mich mit einem Bier und Erdnüssen mangels Abendessen zu den Übernachtungsgästen mit meinem Buch dazugeselle.

Eine Mitarbeiterin der Unterkunft setzt sich zur fortgeschrittenen Stunde zu mir und schüttet mir ihr Herz über ihre Arbeitsbedingungen aus. Kein Mindestlohn, 12-Stundentag und das Essen für das Bahnhofsbistro produziert sie ohne finanziellen Ausgleich zu Hause. Ich fühle mich mit meinen arbeitsrechtlichen Tipps sehr hilflos. Aufklärung ist wichtig, denke ich, aber doch nicht alles. Und so beschränke ich mich darauf, ihr einfach Aufmerksamkeit zu schenken und zuzuhören, was ihr offensichtlich guttut.

Meine erste Nacht im fremden Bett wird noch lange von den Wortfetzen, die aus dem Hof kommen, begleitet. Die osteuropäischen Arbeiter scheinen länger durchzuhalten als ich. Die immer wieder durchfahrenden Züge kann ich gut in meiner Unterkunft direkt an der Schiene akzeptieren. Ich fühle mich in diesem Gemisch von Geräuschen dennoch wohl.

So will ich es haben: Zivilisationsgeräusche und menschliche Stimmen um mich herum in den Nächten meiner Tour. Mich als Teil der Gesellschaft fühlen unter meinesgleichen, statt in der mir etwas unvertrauteren Natur und Einsamkeit zu sein, wenn die Dunkelheit hereinbricht.

Voller Dankbarkeit denke ich an meinen lieben Schatz, der den Start mit mir gemeinsam machte und mich auf diese Weise auf meinen Weg gebracht hat. Es ist ein ganz besonderes Geschenk, da ich weiß, dass mein Liebster im Vergleich zu mir eher der Laufmuffel ist.

Und dennoch hat er mein Projekt unterstützt und mich durch seine Anteilnahme bei der Vorbereitung und der heutigen Teilnahme motiviert, mir diesen Wunsch zu erfüllen.

2. Tag

Ich empfinde tiefe Dankbarkeit für die einfachsten Dinge,
zum Beispiel für frisches kühles Brunnenwasser,
um meinen Durst zu löschen.

Es gibt mangels Personal in der Bahnhofsunterkunft kein Frühstück. Ich werde in den Supermarkt geschickt, der, wie sich herausstellt, immer wieder die Versorgung der Gäste des Bahnhofshotels übernehmen muss. Dort treffe ich auch andere Leute aus der Unterkunft beim Frühstückseinkauf.

Dann kommt Johannes aus Berlin mit dem Zug angefahren. Er will mich heute auf meiner nächsten Etappe Richtung Luckenwalde begleiten. Der leicht frischere Vormittag treibt uns nach vorne. Schnell sind wir einige Kilometer gelaufen, gehen baden in einem klaren Waldsee und ziehen dann weiter, der Sonne und dem Süden entgegen. Wir suchen die Wege über die Karte und mit Hilfe des Laufprogramms unserer Smart Phones gemeinsam und sagen uns bei Trebbin tschüss, da auch er zurück nach Berlin fährt. Ich begebe mich immer mehr auf meinen eigenen Weg, um mein Vorhaben zu verwirklichen, gleichwohl mit dem Gefühl, nicht einsam zu sein. Ich gestalte diese Tour zwar alleine, aber mit dem Bewusstsein, dass ich durch all meine sozialen Kontakte und Menschen, die daran teilnehmen, in einer sehr privilegierten Situation bin.

Johannes, an dieser Stelle auch Dank an dich, schön dass du mich ein Stück begleitet und mich auf diese Weise weiter auf die Strecke gebracht hast.

Ich setze meinen Weg nach Luckenwalde fort und muss mich jetzt an meine Wanderung mit mir selbst gewöhnen. Er führt mich durch verkohlte Wälder und vorbei an einer sehr langen Bahnstrecke, die sich über acht Kilometer durch eine abgelegene Landschaft schlängelt.

Die Hitze ist unerbittlich und ich suche Schatten unter verkohlten Bäumen im total trockenen Wald, der verdeutlicht, dass er sofort wieder in Flammen aufgeht, wenn er nur einen Funken abbekommt.

Allmählich wird es schwül und der Weg nach Luckenwalde zieht sich. Endloser Durst kommt auf, doch meine Flasche ist leer. Ich bitte einen älteren Mann über seinen Gartenzaun, mir die Wasserflasche aufzufüllen. Voller Stolz und Freude gibt er mir von seinem Hausbrunnen kühles Nass und wir behandeln beide das Wasser gleich einem kostbaren Gut wie Champagner.

Der Himmel wird immer dunkler. Kurz vor dem ganz großen Donnerschlag will ich unbedingt noch Luckenwalde erreichen. Dort werde ich die Gelegenheit haben, bei einer Frau – gegen eine Spende für ihr afrikanisches Projekt – zu übernachten. Ich versuche, sie zu kontaktieren, um ihr meine Ankunftszeit bekannt zu geben. Aber das ist gar nicht so einfach mit diesen Brandenburger Funklöchern. Erst ist das Internet weg und dann die Funkverbindung und später dann der ganze Kontakt.

Inzwischen verdunkelt sich der Himmel und die ersten Donnerschläge sind zu vernehmen. Ich halte ein Straßenbaufahrzeug an, um dem drohenden Gewitter zu entfliehen. Der Fahrer ist anfangs sehr schweigsam, stöhnt dann über die drückende Hitze und freut sich auf die Abkühlung. Nach einigen neugierigen Fragen zu meinem Vorhaben zieht er eine Parallele zu sich. Als er jung war, sei er nur auf diese Art verreist. Dass ich nicht mehr jung und dennoch so unterwegs bin, lässt er unkommentiert.

Auf dem Marktplatz von Luckenwalde verlasse ich dieses „Rettungsfahrzeug". Da ich zu der Frau, bei der ich übernachten will, keinen telefonischen Kontakt mehr habe, laufe ich zur angegebenen Adresse und finde nur eine aufgerissene Straße vor. Wo das Haus selbst ist, wo für die Nacht ein Bett für mich stehen soll, bleibt unklar.

Schade, ich hätte diese Frau gerne kennengelernt und für das in Anspruch genommene Bett gerne ein Berufsorientierungsprojekt in Gambia unterstützt.

Inzwischen peitscht der Regensturm mir ins Gesicht. Ich flüchte in einen verlassenen Hauseingang und beginne zu telefonieren, nach dem 3. Versuch erreiche ich ein kleines Hotel, zu dem ich mich begebe, als der Regen etwas nachlässt. Ich werde sehr freundlich von dem Personal und dem Zimmer empfangen und wie eine Heldin begrüßt, als ich mit meinem Rucksack wie eine aus dem Wasser gezogene Katze dort ankomme. Ich begebe mich wieder mit klatschnassen Sachen in das Badezimmer und dann wieder ohne Abendessen ins Bett.

Nette Fremde in der Fremde

3. Tag

Es geht übers freie Feld und durch prachtvolle Alleen. Richtung Süden öffnen sich immer wieder herrliche Blicke in die Sommerlandschaft.

Der nächste Morgen begrüßt mich mit einem netten und nachhaltigen Frühstücksbuffet, das verdeutlicht, dass Verpackungen aus hygienischen Gründen nicht erforderlich sind. Alle Zutaten sind in kleinen Dosen und Schalen zurechtgestellt und mit Glasdeckeln abgedeckt.

Auch hier komme ich mit dem Personal ins Gespräch. Es ist der Wirt selbst, der mich bedient und mir von den verrücktesten Auflagen erzählt, denen er durch das Finanzamt unterliege – zum Beispiel das Abzählen von herausgegebenen und liegengebliebenen Wurstscheiben zur Ermittlung des geldwerten Vorteils etc., wenn diese zurückgenommen werden und in den eigenen Haushalt einfließen. Dieses Prozedere mache ihm das Leben eines Hotelbetreibers zusätzlich schwer, wie er sagt, da das Übernachtungsgeschäft sehr zurückgegangen sei und er das kleine lieb geführte Hotel kaum noch aufrechterhalten könne.

Der Regen des vergangenen Abends hat die Luft nicht abgekühlt, sondern das Gelände in eine Dampfsauna verwandelt. Es ist wie ein Daueraufguss und innerhalb von kurzer Zeit stehe ich wieder im eigenen Saft. Langsam beginne ich mich daran zu gewöhnen, dass ich immer nur kurz in trockenen Klamotten durch die Gegend laufen kann. Bei drückender feucht-schwüler Hitze mache ich mich auf den Weg zum Kloster Zinnowitz.

Am Nachmittag ist die Hitze in der völlig offenen Landschaft unerträglich. Mitarbeiter von der Stadtreinigung Jüterbogs bieten mir eine kleine Mitfahrgelegenheit bis ins kühle Kloster an, wo ich in der Folge einen sehr atmosphärischen Biergarten finde. Der mit Kopfstein gepflasterte Hof ist ausgestattet mit gusseisernen Bänken und Stühlen, zwischen denen auf alten Nähmaschinengestellen die Tischplatten liegen. In alten Kannen und Krügen befinden sich die schweren und reifen Blumen, die die Sommerlandschaft widerspiegeln. Ich tauche mit einer erfrischenden Rhabarbersaftschorle in diese Atmosphäre ein.

Mein Sohn Nils ruft an und teilt mir mit, dass ich in Leipzig bei einem Freund von ihm übernachten kann und er selbst, zurück aus Spanien, dort auch Station machen wird. Oh, wie ich mich freue, wieder Besuch auf der Strecke, und dann meldet sich auch schon sein Freund Bosse, und wir sprechen die Details ab, wie ich in die Wohnung komme, wenn ich in Leipzig einlaufe. Er sagt, er bewundere mich sehr, dass ich bei dieser Hitze in der Landschaft herumlaufe. Er selbst sitze gerade in den etwas kühleren Räumen eines Wohnhauses in Leipzig und warte auf den Sonnenuntergang, um die Wohnung für ein kühles Abendbierchen zu verlassen.

Bosse hat seine Wohnung „sozialisiert" während der Zeit seines Praktikums in Frankfurt am Main. Ein Paar auf Weltreise hat dort Unterschlupf gefunden und ich darf für das Wochenende im Wohnzimmer mit übernachten. Schön, diese gelebte Solidarität, die sich immer wieder auftut. Ich freue mich auf die beiden, da sie, wir mir Bosse erzählt, gerade aus Neuseeland zurückgekommen sind, um in Leipzig Zwischenstation zu machen, bevor sie ihre Weltreise fortsetzen.

Erinnerungen an meine Neuseelandreise kommen hoch. Ich bereiste dieses Land mit meinem Rucksack vor genau 30 Jahren. Damals kaufte ich mir nach Beendigung meines Jurastudiums ein „Round The World Ticket", flog zunächst nach Vancouver/Kanada und schaute mir die Stadt an. Dort vertiefte ich mein Englisch und flog nach einiger Zeit weiter nach Auckland/Neuseeland. Als ich mit meinem Rucksack auf dem dortigen Flughafen herumstand, wartend auf einen Farmer, wurde ich im breitesten schwäbischen Englisch von einem Mann aus Stuttgart angesprochen, der etwas irritiert und ängstlich auf der anderen Seite seiner Welt stand und sich nicht so recht traute, die ersten Schritte darin zu machen. Er bot mir den gemeinsamen Start in dieses neue Land an. Ich konnte es kaum glauben und teilte ihm mit, dass ich nicht um die halbe Welt geflogen bin, um Deutschland zu verlassen, um anschließend mit einem Landsmann durch ein anderes Land zu ziehen.

Und dann kam auch schon der Farmer, zu dem ich aus Berlin bereits den Kontakt hergestellt hatte, und nahm mich in Empfang, um mich für einen Arbeitsaufenthalt mit auf seinen Hof zu nehmen. Wir fuhren durch das heiße, schwüle Land und er wurde immer nervöser. Über uns ballten sich die Wolken immer mehr zusammen und ich hörte schon die ersten kräftigen Donnerschläge, als wir in der Nähe seiner Farm ankamen. In Windeseile ging es zunächst aufs Feld, um die Heuernte einzufahren, bevor der große Regen kam. Ich hatte nicht mal Zeit, meine kanadische Winterkleidung in leichte neuseeländische Sommerkleidung einzutauschen und schon war ich eine wichtige Arbeitskraft im landwirtschaftlichen Produktionsbetrieb, um die Ernte vor dem großen Regensturm zu retten.

Am späten Abend, als wir endlich auf der Farm ankamen, schmiedeten wir noch Pläne für den Wocheneinkauf, der am nächsten Tag 30 Kilometer von der Farm entfernt stattfinden sollte. Der Deal zwischen uns war „Freie Kost und Logis“ gegen Hilfe im Haus, Garten und der Landwirtschaft. Und dann wollte unser Farmer nach getaner Arbeit auf der Terrasse seiner Farm Geschichten aus Europa hören, während wir in alter britischer Tradition unseren Abendtee tranken.

„I have done my best“ würde ich sagen, bis der Knabe meine Weiblichkeit entdeckte und mir vorschlug, doch mein Zimmer abzuschließen, wenn ich keinen Besuch in der Nacht haben wolle. Ich nahm die Warnung ernst und beschloss, mich aus der Einsamkeit und Abhängigkeit von diesem Farmer abzusetzen.

Damit dies gelingen konnte, musste ich ihn aber ein wenig austricksen. Deshalb wartete ich auf den Besuch eines befreundeten Nachbarns, der mit zum Einkaufen fahren wollte und trat dann mit dem gepackten Rucksack aus dem Zimmer, um ihm meinen Plan mitzuteilen. Im Schutze dieses Nachbarns wurde ich mit in die Stadt genommen und in einem ehemaligen Goldgräber-Hotel abgesetzt. Von dort aus konnte ich meine Weiterreise durch Neuseeland frank und frei weiter planen.

Es folgte eine schöne Zeit auf den Nord- und Südinseln von Neuseeland und eine gute Dynamik zwischen alleine sein, Menschen treffen und sich auf der Strecke besuchen lassen, ohne das eigene selbst gesetzte Ziel aus den Augen zu verlieren. Ja, wie schön es ist, sich auf der Strecke besuchen zu lassen, habe ich bereits dort erfahren. Sich treffen. Eine gemeinsame Zeit miteinander verbringen und dann wieder seinen eigenen Weg suchen und gehen und sich und seinem Reiseplan dabei selbst treu bleiben. Das lernte ich derzeit in Neuseeland kennen, zusammen mit Bave, Gerry und Robb, Leute, die ihre Reise mit sich machen wollten und dennoch hin und wieder die Gemeinsamkeit der Gruppe suchten.

All diese Erinnerungen sind in mir wach geworden, als ich mitgeteilt bekomme, dass das Paar in Bosses Wohnung direkt aus Neuseeland kommt. Ich freue mich jetzt schon auf den Austausch. Eine kleine Reise in die Vergangenheit 30 Jahre zurück wartet in Leipzig auf mich.

Woher ich die Kraft und Power nehme, an diesem heißen Tag noch nach Jüterbog zu laufen, statt hier in dieser Idylle den Tag ausklingen zu lassen, ist mir nicht ganz so klar. Bin ich ehrgeizig? Will ich meine Tagesziele erfüllen? Habe ich das Ziel zu stark im Auge oder will ich einfach noch ein Stückchen weiterkommen?

Ich finde in Jüterbog ein Bett in einem Landgasthof. Nach einer kleinen Siesta und einer erfrischenden Dusche mache ich mich auf den Weg zum Marktplatz, den ich an diesem schönen Sommerabend völlig verwaist vorfinde. Um die Ecke des wunderschönen zentralen Platzes besuche ich ein asiatisches Bistro, das für mich Nudeln zubereitet und mir ein kaltes Bier anbietet.

Auf dem Rückweg vor den Toren Jüterbogs finde ich das Gemeinschaftsleben, das ich im Zentrum suchte, auf dem Supermarktparkplatz am Ortsausgang. Männer trinken Bier aus der Plastikflasche und Kinder essen abgepacktes Eis, das aus der Truhe kommt.

In einem großen Raum meines Gasthofs mit Blick in den Garten wird es am nächsten Morgen wohl ein Frühstücksbuffet geben, das möglicherweise wieder meine Hauptmahlzeit bleiben könnte, denn die Ernährung auf dem Lande in Sachsen ist genauso „abwechslungs- und umfangreich" wie in Brandenburg und Sachsen-Anhalt zuvor.

Die kleinen Dorfläden sind absolute Rarität. Die Supermärkte sind autofreundlich und nicht immer wanderfreundlich angelegt. Die Dorfkneipen bieten häufig kein Essen an. Aber ein kühles Bier und ein Paket Erdnüsse findet man überall und danach lässt es sich in der Regel gut schlafen.

4. Tag

Drohende Naturereignisse, wie Gewitter, Hagel, Sturm und Hitze, sind zwar im Moment des Ereignisses ärgerlich, hinterlassen aber eine eindrucksvolle Erinnerung.

Auf dem Weg nach Wittenberg verdunkelt sich am Nachmittag der Himmel wieder und ich beschließe nach 15 Kilometern, den Wandertag heute ausklingen zu lassen. Auf der Flämingstrecke finde ich eine privat geführte Unterkunft auf einem ehemaligen Bauernhof, der von einem Mann mit seinen Eltern bewirtschaftet wird.

Ich werde herzlich in die kleine Familie aufgenommen, was mir sehr guttut. Übernachten mit Familienanschluss, Hausmannskost und Gespräche beim Essen. Diese heutige Unterkunft ist ein sehr schönes Objekt, das nach der Wende im Zuge der Eigentumsrückführung zu den jetzigen Besitzern kam.

Hier kann man nach nur einer Stunde Zugfahrt von Berlin aus Landluft schnuppern und die Ruhe der Natur genießen. Gewohnt wird in kleinen, gemütlichen Zimmern unterm Dach – juchhe – mit Blick auf die umliegenden Felder und die Flämingstrecke.

Durch das sichere Fenster meines Zimmers sehe und höre ich, wie der Hagel auf das Blechdach prasselt. Die Körner sind zum Teil so groß wie Kirschkerne. Wie gut, dass sich diese Unterkunft für mich auftat, bevor das Unwetter startete.

Der Einladung in den bäuerlichen Garten kann ich durch den spontanen Regen nicht mehr folgen. So komme ich mit den Wirtsleuten bei kräftiger Hausmannskost am großen Holztisch in der umgebauten Scheune ins Gespräch. Sie haben gleich nach der Wende den Hof übernommen und das Familieneigentum, was ihre Vorfahren durch die Entscheidung, in den Westen zu gehen, aufgegeben hatten, als Erben zurückgefordert. Zu DDR-Zeiten lebten dort mehrere Familien auf diesem verlassenen Bauernhof, berichteten sie, bis sie als Erben aus dem Westen kamen. Zunächst arrangierte man sich noch zusammen. Aber im Laufe der Zeit wurde klar, dass die Nutzer weichen mussten und sich woanders umsahen, um eine Bleibe zu finden.

Ein schales Gefühl steigt in mir auf, und ich stelle mir die Frage, ob es richtig ist, wenn Eigentum aufgegeben wurde, um in einem anderen Land weiterzuleben, und die Nachkommen 30 Jahre später Ansprüche geltend machen. Wie dem auch sei. Sie haben einen schönen Platz geschaffen, mit großer Wohnküche in der Tenne und netten Gästezimmern im Wirtschaftstrakt des Bauernhofes. Das unter Denkmalschutz stehende Taubenhaus wurde von den neuen Eigentümern zu einer Kneipe umgebaut, die hin und wieder auch als solche genutzt wird und somit ist ein guter Kontakt zu der Dorfbevölkerung entstanden.

Die 78 Jahre alte und gehbehinderte Frau bedauert es sehr, dass sie nicht ein Stück mitlaufen kann und schaut mir noch lange hinterher, als ich den Hof bereits verlassen habe.

Ich spüre, welch ein Privileg es ist, einfach laufen zu dürfen. Gerne hätte ich sie wenigstens für eine Weile an meiner Seite gehabt.

Irrwege führen auch zum Ziel

5. Tag

Wege, auch Irrwege, führen nicht dazu,
dass das Ziel aus den Augen verloren wird.

Ich hüpfe wie ein neugeborenes Känguru weiter Richtung Wittenberg. Diesmal durch eine abgekühlte und gereinigte Landschaft nach dem langen Nachtregen, der mich durch seinen Sound und dem sich verbreitenden Duft in einen Tiefschlaf fallen ließ. Das Aufstehen und Weitergehen nach so einer Nacht öffnet alle Sinne. Ich kann dann gut durchatmen und mit voller Energie und Elan weiterschreiten.

Doch bald steigen die Temperaturen wieder über 30 Grad, und ich laufe erneut durch eine wüstenartige Hitze bis in den späten Nachmittag. Den letzten Teil der Wanderung des heutigen Tages verbringe ich im Tal des „Faulen Baches". Welch ein Name für dieses quirlige Nass. Von Faulheit des Baches kann hier keine Rede sein.

Leider laufe ich zunächst auf der falschen Bachseite, die mich nicht erkennen lässt, dass dieser Bach ein Fließgewässer ist, das in viele kleine Bäche und Rinnsale im Gras verschwindet.

Die Karte sowie das Laufprogramm auf meinem Smartphone zeigen mir eindeutig den Weg nach Wittenberg, verraten mir aber nicht, dass dies für die andere Seite des Baches gilt.

So stolpere ich mit dem eingeschalteten Laufprogramm auf meinem Handy wie mit einer Wünschelroute durch die Gegend, um die richtigen Pfade und Übergänge zu finden. Es hilft nichts. Ich beschließe, einfach wieder zum Ausgangspunkt zurückzugehen, wo das Bachtal beginnt, und mich beim Zurücklaufen am Bachufer zu orientieren. Das gelingt aber insofern nicht, da sich der Bach ja, wie gesagt, in die Wiese ergießt und er auf dieser Seite durch die vielen Rinnsale tausend Ufer und noch mehr hat. Eine immer wieder angezeigte Brücke über das Gewässer finde ich auch nicht.

Ich kämpfe mich regelrecht zurück, versuche, nicht in dem einen oder anderen ausgefransten Bacharm zu landen und kann mich dann irgendwann nur noch an der Himmelsrichtung orientieren. Nach circa anderthalb Stunden bin ich dann erneut am Einstieg des Bachtales. Dort kann ich entspannt auf die andere Bachseite wechseln und finde endlich einen klaren und sicheren Weg.

Plötzlich bin ich sehr zufrieden mit mir, habe ich mich doch gerade noch wie ein hilfloser Trottel gefühlt, beginnt bereits der Stolz aufzusteigen, dass ich mal wieder etwas aus eigener Kraft geschafft habe. Erschöpft, aber glücklich, erreiche ich am späten Nachmittag die Lutherstadt Wittenberg.

Die Stadt wirkt wie ein aufgeschlagenes Bilderbuch, das ich durchlaufe. Wie im Schlaraffenland stehen Tische und Stühle an jeder Ecke. Die Restaurants überbieten sich im Angebot ihrer Auswahl. Alle Gebäude wirken wie perfekte Kulissen für einen Film, der gleich gedreht werden soll. Die Straßen sehen wie frisch gefegt und gesprüht aus. Ich habe noch die Bilder des wilden Bachtales in mir und bin geblendet von all den Kontrasten der letzen Stunde. Ich freue mich über den klaren Wegweiser zur Herberge. Vom Wegesuchen habe ich für heute genug.

Ich finde eine Unterkunft in der Jugendherberge und genieße mein Einzelzimmer mit Dusche. Den Rest des Tages brauche ich für Körperpflege sowie für die tägliche Wäsche der durchgeschwitzten Klamotten.

Erneut besteht mein Abendessen aus mitgebrachten Nüssen und einem Apfel, der sich noch im Rucksack findet, sowie aus der Freude auf das Buffet, das am nächsten Morgen im Speisesaal auf mich wartet.

Mit dem Gefühl „Irrwege führen auch zum Ziel“ und

einer gewissen Zufriedenheit, dass ich meine Fehler korrigieren kann und in keiner Sekunde die Hoffnung verlor, aus diesem Labyrinth wieder herauszukommen, beende ich den heutigen Tag.

Im Bett erinnere ich mich an eine Tour in Neuseeland, bei der wir uns als Gruppe von unserem Backpacker Hostel aus fast hoffnungslos verlaufen hatten. Der neuseeländische Busch ist einfach so dicht und undurchsichtig – so wie ein verwilderter Haarschopf, durch den man sich arbeiten muss. Wir gingen regelrecht auf Spurensuche, um den Rückweg zu rekonstruieren, und immer, wenn einer von uns aus der Gruppe unsicher wurde, ob er diesen Ort schon gesehen hatte, blieben wir stehen und versuchten uns zu erinnern, bis alle überzeugt waren, dass wir auf dem Hinweg hier bereits vorbeigekommen waren. Wir erkannten die Baumstämme wieder, auf denen wir gerastet, und die Pflanzen, die wir auf dem Hinweg zertreten hatten. Unsere Blicke schulten sich immer mehr. Die Unterkunft erreichten wir gerade noch so rechtzeitig, dass der bereits startklare Suchhubschrauber wieder abbestellt werden konnte. Todmüde aber glücklich brieten wir uns noch bis mitten in der Nacht ein Huhn in der Gemeinschaftsküche des Backpacker Hostels und feierten unsere Rückkehr.

Intoleranz, Mass halten und schwere Zeiten für die Gastronomie

6. Tag

Freiheit ist beim Laufen von elementarer Bedeutung. Man muss in der Lage sein, zu pausieren oder weiterzugehen, so wie es einem gerade in den Sinn kommt.

Das Frühstück nehme ich in einem kantinenartigen Raum in der Jugendherberge in Wittenberg ein. Es ist etwas unpersönlich hier und erinnert eher an eine „Anstalt“ statt an eine gemütliche Unterkunft.

Mitarbeiterinnen und Mitarbeiter mit Haarschutz und weißen Handschuhen füllen das Frühstücksbuffet auf, und ein junger Mann wird zurechtgewiesen und zum Schuhe anziehen auf sein Zimmer geschickt, da er sich die Freiheit nimmt, temperaturgerecht barfuß zu gehen. Als er fragt, warum er jetzt Schuhe anziehen solle, bekommt er die Antwort „aus hygienischen Gründen“. Seine Bemerkung nutzt nichts, dass er gerade geduscht und die Füße mitgewaschen habe. Man besteht weiter auf die „Schuhe-Tragen-Pflicht“. Es bleibt für mich unklar, wer nun aus hygienischen Gründen geschützt werden soll: der Fußboden der Herberge oder die Füße.

Ich nehme mir noch etwas Zeit für einen Rundgang durch die Stadt, bevor ich mich zum Weiterlaufen wieder auf die Strecke begebe.

Martin Luther war für mich alles andere als ein großer Aufklärer, sondern ein Mensch mit hoher Intoleranz gegenüber Menschen anderer Glaubensrichtungen, vor allem die jüdischen Mitmenschen seiner Zeit waren ihm verhasst, er hetzte öffentlich gegen sie und trug so auch zur ihrer Verfolgung bei.

Mit diesen Gedanken verlasse ich die „Lutherstadt Wittenberg“ und begebe mich weiter auf meinen Weg Richtung Süden, immer mit der heißen Sonne der letzten Augusttage im Gesicht.

Ich orientiere mich bei meiner täglichen Tourenvorbereitung an einer Strecke von ca. 20 Kilometern. Manchmal sind es mehr und manchmal weniger. Damit scheine ich gut zu fahren und ein vernünftiges Maß für mich gefunden zu haben.

Und so mache ich mich auf den Weg zum Bergwitzsee mit der Erwartung, dort am Nachmittag eine nette kleine Pension am Wasser vorzufinden. Der See ist ein Restloch des Tagebaus Bergwitz und das Wasser hat eine sehr gute Badequalität. In traumhaft schöner Landschaft durch endlos wirkende Strände und einer nicht enden wollenden Weite sowie einer sagenhaften Ruhe, komme ich am Nachmittag an.

Ich finde ein nahezu verwaistes Haus mit großem Garten vor und bin eine von drei Gästen. Vom Personal selbst ist nur kurz jemand zum Einchecken da. Ich werde an den Getränkeautomaten, um meinen Durst zu löschen, und an den Nettosupermarkt, um meinen Hunger zu stillen, verwiesen.

Also versuche ich mir „Lukullisches vom Supermarkt" zu besorgen und verbringe den lauschigen Abend mit perfektem Sonnenuntergang auf der Terrasse des Geisterhauses alleine, als ich vom See zurückkomme. Von den anderen Gästen keine Spur – ich habe das Gefühl, alleine zwischen 20 Zimmern zu sein.

Irgendwann am Abend taucht der Betreiber des Hotels nochmal auf und erzählt mir vom Schicksal dieses Hauses. Bis vor einem Jahr war es wohl ein blühender Platz und ein bekanntes Ausflugslokal für die Seebesucher, die hungrig bei ihm einkehrten. Das Haus war ein reiner Familienbetrieb und alle arbeiteten mit, bis die Frau sehr schnell an Krebs verstarb und der Wirt selbst mehrere Knieoperationen über sich ergehen lassen musste und den Job als Koch in der Küche nicht mehr ausüben konnte.

Einen Koch, den sie bezahlen können, haben sie hier in der Einsamkeit nicht bekommen und so wurde das Restaurant geschlossen und das Kochen eingestellt. Übrig blieben Zimmervermietung mit Frühstück und ein leeres Restaurant. Diesen Job hat zunächst die hochschwangere Schwiegertochter übernommen, die als Erzieherin im Beschäftigungsverbot ist.

Mir fällt die Sehnsucht meines Vaters ein, mit seiner Familie bzw. seinen Kindern ein ähnliches Projekt zu starten. Unsere Mutter war verstorben und Vater wollte ein Haus bauen, mit Küche und kleinem Hotel und die Angestellten sollten die Kinder sein. Daraus wurde so gar nichts, denn in der Regel gehen die Kinder ihre eigenen Wege und starten nicht unbedingt mit den Eltern ein Geschäft. Am Ende platzte für meinen Vater auch der Traum für das Eigenheim, obwohl wir alle viele Opfer dafür brachten. Auf den Sonntagsausflügen wurde die Limonade gestrichen und irgendwann wurde auch die abonnierte Zeitung abbestellt. Trotz aller Bemühungen, Geld dafür zu sparen, reichte es vorne und hinten nicht und der Traum vom Eigenheim wurde begraben. Denn wie sollte er dies auch stemmen mit seinem Hilfsarbeitergehalt, seinen sechs Kindern und einer krebskranken Frau, die er bis zu ihrem Tod zu versorgen hatte.

In der Nacht foltern mich die Tiere des Landes und des Wassers. Tausend Stechmücken toben durch den Raum und ab circa drei Uhr am Morgen kräht der Hahn des anliegenden Hofes. Gefühlt sitzt er auf meiner Bettkante und weiß genau, wo meine Ohrmuschel ist, in die er immer kräftig reintrötet.

7. Tag

Die kurzen, aber intensiven und zufälligen Kontakte sind weder von der Vergangenheit geprägt noch kennen sie in der Regel eine Zukunft. Sie leben von der Gegenwart.

Das leckere und liebevoll zurechtgemachte Frühstück versöhnt mich etwas mit der Situation und ich laufe dann an diesem etwas frischen Morgen sehr unausgeschlafen durch den wenigen Schlaf auf einem Rundweg des Bergwitzsees entlang, passiere traditionelle Feriendörfer im sozialistischen Stil und stelle am Ende fest, dass ich mal wieder um einen Pudding gelaufen bin und mir circa drei Kilometer Weg hätte sparen können. Der Trostsatz, dass Irrwege auch zum Ziel führen ..., musste mal wieder herhalten.

Ich durchwandere ein Straßendorf, und als Hitze und Durst am größten sind, finde ich eine Dorfkneipe, die mir eine Apfelsaftschorle beschert und ein gutes Gespräch mit dem Wirt verschafft. Er erzählt mir vom Sterben der Stammtische und Dorfkneipen und vom Rückzug aus dem öffentlichen Leben. Die Leute suchen sich seit einiger Zeit nicht mehr, gehen sich aus dem Weg, bilden allerhöchstens noch kleine Gruppen, die sich von anderen Gruppen abgrenzen und sich zurückziehen ins Private, natürlich mit Billigbier aus den Supermärkten statt von ihm gezapft. Er lebe vom fahrbaren Mittagstisch, da er in seiner Kneipe für das Pflegeheim und für die Kita des Ortes koche und Catering-Aufträge entgegennähme.

Das Gespräch dauert lange, die Zeit vergeht. Dennoch bleibt es bei einem Blick durch das Schlüsselloch, um das Schicksal der Anderen kurz zu betrachten.

Als ich erfahre, dass ich bereits am S-Bahn-Ring nach Leipzig bin, kürze ich die mir für diesen Tag vorgenommenen 30 Kilometer um 5 Kilometer ab, die ich bis in die Innenstadt von Leipzig brauche, und begebe mich zum Bahnhof, um eine halbe Stunde später im Herzen von Leipzig anzukommen.

Im Zug finde ich die Zeit, um Rückschau auf die schnellen und vergehenden Kontakte zu halten. Ist es „Small Talk" und deshalb bedeutungslos oder gerade deshalb von Bedeutung?

Mir fällt mein USA-Aufenthalt während meines Studiums ein. Dort entwickelte ich im öffentlichen Raum eine sehr konstruktive Haltung zu kurzen Begegnungen. Saß ich beispielsweise in einem Café an einem Tisch und wurde von einem männlichen Gast gefragt, ob er sich dazusetzen darf, war ich zunächst sehr misstrauisch und reserviert und dachte an die übliche Masche der Anmache. Ich gestattete es dennoch und war immer wieder sehr angenehm überrascht, wenn der Fragende nach seinem Kaffee das Gespräch mit „it was nice to meet you" beendete und seiner Wege ging.

Im Laufe der Zeit lernte ich die positiven Seiten des „kleinen Gesprächs" kennen. Einfach Zeit und Gelegenheit nutzen, ohne den Anspruch zu haben, dass daraus irgendetwas entstehen könnte, sollte oder wollte. Es wird der Augenblick, die Gegenwart genutzt und sonst gar nichts.

Schnell ist mit der Straßenbahn die Adresse erreicht, die Nils sich für unser Treffen organisiert hat. Da er noch nicht da ist, genieße ich schon mal alleine im Nachbar-Café leckere Käsespätzle und Wein. Ich liebe die volle Speisekarte und all das frische Essen hier in diesem alternativ geführten Restaurant.

Ich habe das Vergnügen wieder mit Beschäftigten ins Gespräch zu kommen. Die Wirtin selbst ist etwas jünger als ich, gelernte Gastronomin aus der ehemaligen DDR und studierte Juristin sowie jetzt Kneipenbetreiberin in der neuen BRD. Eine von den Systemen enttäuschte, aber keine verbitterte Person, die Kraft ihrer Stärke immer wieder ihr Schicksal in die Hand genommen hat, um es selbst zu schmieden.

Nils meldet sich. Er kommt aus München angefahren und braucht noch circa anderthalb Stunden bis Leipzig. Zeit für die Dusche und ein Power Napping. Ich freue mich sehr auf meinen Sohn, der es ermöglicht hat, dass wir uns hier treffen können. Er ist nach seinem Spanienurlaub aus dem Süden kommend auf dem Weg nach Berlin und ich aus Berlin kommend auf dem Weg in den Süden Deutschlands. Bier trinkend verbringen wir den Abend und plaudern über unsere Reiseerlebnisse der letzten Wochen. Auch er hat eine Deutschlandtour hinter sich, bevor er über Frankreich nach Spanien fuhr, und ich bin noch mittendrin.

Frühstücken, baden gehen, ins Leipziger Umland fahren, noch ein gemeinsames Essen und dann schaut jeder wieder in seine Richtung.

Ich genieße es sehr, einen Sohn auf Augenhöhe zu haben.

Auf der Strecke besuchen lassen

8. Tag

Ich bin dankbar dafür, die Gesundheit, den Mut, das Geld und auch die Leute dazu gehabt zu haben, die auf ihre Weise mein Projekt unterstützt haben.

Besuch auf der Strecke habe ich mir von Beginn meiner Planung an vorgestellt und gewünscht. Meine Tour soll es werden, die ich plane, meine Wege, die ich selbst suche und meine Entscheidungen, die ich treffe, wann und wo ich wie bleibe. Jedoch das Bild, die Vorstellung, dass liebe Menschen auf meinen Weg kommen und eine Zeit mit mir verbringen, hat mir von Anfang an gefallen, gab mir Orientierung und Planungssicherheit, Ansporn und ein sehr warmes Gefühl.

So ist es auch sehr schön, dass sich nach der Abreise von meinem Sohn der nächste Besuch anmeldet. Sabine kommt mit dem Morgenzug aus Berlin. Wir treffen uns kurz vor neun Uhr am Bahnhof und beginnen gemeinsam, uns Leipzig zu erobern.

1991 lebte und arbeitete ich hier über ein halbes Jahr. In der Zeit war die Stadt total eingepackt und wurde grundlegend saniert. Mein Stadtbild aus dieser Zeit besteht aus Bauplanen neben Bauplanen, aus Salpeterwänden in den Vororten und aus Plattenbauten in den Außenbezirken.

Aber jetzt wirkt die Stadt auf mich wie ein ausgepacktes Geschenk, das zum Betrachten einlädt. Leipzig City, Universität, Clara Zetkin Park, weiße Elster, schwarze Elster. Wir laufen und laufen und laufen. Am Ende war es bestimmt eine Tagesetappe. Müde geht Sabine zurück zum Bahnhof.

Ich kaufe großzügig ein und koche für die Mitbewohner der Wohnung, in der ich noch eine Nacht verbringen kann. Wenn man nur so wenig wie nötig braucht und davon mehr als genug hat, dann ist es so, als würde man mit einem Koffer voller Geld durch die Welt laufen. Entsprechend spendabel bin ich heute.

Wir schwatzen, essen gut und trinken Wein und spüren keinen Altersunterschied, obwohl ich gut die Mutter der beiden sein könnte. Ich bekomme viel Lob für mein Vorhaben und werde gemessen an deren Eltern, die offensichtlich das längere Rumziehen mit dem Rucksack so gar nicht kennen.

Ich lasse mich gerne von den jungen Leuten feiern.

Beim Einschlafen betrachte ich nochmals die Bilder der veränderten Stadt und denke gleichzeitig über meine Lebensveränderungen nach. Familienarbeits- und Berufsleben liegen schon fast hinter mir. Die Gegenwart spielt eine sehr große Rolle und ich freue mich, dass sich mein Leben so gestaltet hat und ich es hier und heute genießen kann.

Rückblicke und Voranschreiten

9. Tag

Ich bin zuversichtlich und glaube daran, dass ich immer das bekomme, was ich tatsächlich brauche.

Ich verlasse Leipzig zu Fuß und laufe nochmals an dem Kulkwitzer See vorbei, den ich vorgestern mit Nils erwandert habe. Sehr schöner Rückblick auf diesen Tag.

Ich passiere die Häuser, wo ich 1991 gelebt habe während meiner Tätigkeit als Rechtsschutzsekreärin für den Deutschen Gewerkschaftsbund in Leipzig.

Was für Zeiten! Die Wende war gerade vollzogen, und nun wurden Menschen aus den alten Bundesländern gesucht, die das sogenannte bundesdeutsche Recht in die neuen Länder transportierten. Ich erfuhr, dass auch der Deutsche Gewerkschaftsbund solche Wissensträger sucht und einstellen möchte für die Rechtsstellen, die dort für die Gewerkschaftsmitglieder geschaffen wurden.

Das Leben schlug in voller Breite zu.

Die Zeit an der Universität war zu Ende, meine derzeitige Beziehung auch und der Schwangerschaftstest war positiv. Ich wollte und brauchte eine Stelle und bekam sie auch. Befristet für ein Jahr, mit der Perspektive auf Weiterbeschäftigung.

Da ich derzeit noch keine Berufserfahrung hatte, wurde ich den Diplomjuristen gleichgestellt und bekam einen Mentor an meine Seite, der mit mir die Gerichtsverfahren vorbereitete, die ich zu verhandeln hatte und danach auch die Verhandlung mit mir auswertete. Learning by doing hieß das Prinzip und so ging es fast allen Quereinsteigern in Ost und West in dieser Zeit.

Eine Kollegin aus Baden Württemberg kam eines Tages zur Rechtsstelle und wurde schnell zur Richterin an das Arbeitsgericht berufen. Auch sie kam frisch von der Universität und hatte keine Ahnung vom Arbeitsrecht, da sie im Studium einen anderen Schwerpunkt hatte. Sie konnte das Gebot der Stunde nutzen und den Sprung ins Richteramt machen.

Die Verhandlungsgegnerinnen und -gegner hatten häufig viel Prozesserfahrung, kannten sich aber im neuen Recht nicht aus, da sie häufig aus der ehemaligen DDR kamen und somit aus einem anderem Rechtssystem, was seine Gültigkeit verloren hatte. Eines hatten wir gemeinsam und zwar den Wunsch, so gut und anständig wie möglich das jeweils vor uns liegende Verfahren zu wuppen. Und so kam es hin und wieder vor, dass wir uns alle (Kläger- und Beklagtenseite und Gericht) vor der Verhandlung in der in Leipzig berühmten Moritzbastei trafen, um die anstehenden Verhandlungen vorzubereiten. Wir waren Bündnispartnerinnen und -partner, weniger Prozessgegnerinnen und -gegner mit dem Ziel, ein vernünftiges Ergebnis für alle Seiten zu erwirken.

Mein damaliges Leben hatte zwei Seiten. Einmal die innerliche Seite, die geprägt war von dem Glück, Mutter zu werden und täglich kleinen Beobachtungen, wie das Leben in mir erwacht und wächst, und die äußerliche Seite, die die Aufregung spürte, als Berufsanfängerin den Job zu wuppen.

Noch immer seit fast 29 Jahren kann ich behaupten, dass ich in diesem Jahr durch die beiden Seiten und die wachsende Verantwortung das intensivste und somit auch das glücklichste Jahr meines Lebens verlebte.

Auch sonst war in dieser Zeit des neuen Jobs und meiner Schwangerschaft viel los, was ich genießen konnte, da ich Gott sei Dank die Schwangerschaft nicht als Krankheit erfuhr, sondern eher als einen euphorisierenden Zustand. Ich pendelte zwischen Leipzig und Berlin hin und her, hatte in Leipzig zunächst ein Apartment außerhalb des Zentrums und dann später ein Zimmer in der Innenstadt bei einem Künstler. Auch bekam ich viel Besuch in Leipzig, denn für viele meiner Freunde und Freundinnen war Leipzig 1991 noch eine Stadt aus einem anderen System.

Dabei passierte es, dass uns Frauen aus dem Westen bei einem Naturausflug der Spaß gehörig verging, als wir merkten, dass wir von mehreren Männern eingekesselt worden waren. Hier waren es aber keine Männer mit Migrations- oder Fluchthintergrund (wie in der Kölner Silvesternacht), sondern Leipziger und solche aus dem Umland, die wegen des sogenannten Herrentages morgens um acht Uhr in der Natur sturzbetrunken herumtorkelten.

Es war ein langes Wochenende mit Feiertag, drei meiner Freundinnen aus Berlin kamen mich besuchen und wir hatten die Idee, den feiernden sogenannten Vätern aus dem Weg zu gehen und liefen ihnen dabei schier in die Arme. Diese waren sehr erbost und beriefen sich auf ihr Recht und ihren Tag und wir hätten heute hier nichts zu suchen. Sie bildeten einen Kreis um uns drei, der immer enger wurde und die Situation bedrohlicher. Bis einer aus dieser Gruppe sagte: „Halt, stopp, da ist ne Schwangere dabei." Dann ließen sie von uns ab und wir flüchteten mit wackligen Beinen zurück in die Innenstadt. Als Silvester 2018 in Köln vom Einkesseln von Frauen gesprochen wurde, waren für mich schon wieder einige Jahre nach diesem Erlebnis vergangen.

Manchmal verbrachte ich in jenem Jahr meine Wochenenden auf einem Qualifizierungsseminar entweder in Frankfurt an der Oder oder in Frankfurt am Main oder in einer Bildungsstätte an der tschechischen Grenze, um in der Beratungs- und Prozessführungsarbeit fit gemacht zu werden.

Es war ein sehr aktives Jahr und während der gesamten Schwangerschaft bis zum Mutterschutz war ich in Berlin oder in Leipzig in der Bahn zwischen den beiden Städten hin- und herfahrend oder auf dem Weg zu oder von einer Fortbildung. Vielleicht ist das der Grund, dass ich nun ein Kind habe, das gerne on the road ist.

Das Gehen hier im Leipziger Raum gibt mir die Chance zur Reflexion über mein eigenes Leben und der zwischenzeitliche Trott lässt Platz für die Rückblicke in die Vergangenheit.

Auf meiner persönlichen Wandertour laufe ich am 9. Tag viele Wege durch kleine Dörfer, entlang an dem längsten Denkmal

Europas, einem ewig langen Flutgraben von Gustav Adolf gebaut, und dann finde ich wiederum einen sehr gemütlichen umgebauten Bauernhof zum Übernachten. Morgen geht es weiter Richtung Weißenfels, vorbei an Nietzsches Geburtshaus.

10. Tag

Der Antrieb beim Pilgern ist die Frömmigkeit.
Mein Antrieb ist die Verbindung meiner Lebenswege.

Das Geburtshaus von Nietzsche kann ich nicht finden, dafür entdecke ich ein Sommerschloss auf der Strecke Richtung Weißenfels. Dort beginnt einer der vielen Pilgerwege, den ich nun ein Stück laufe.

Ich werde als Pilgerin betrachtet und gefragt, was ich für ein Motto und Ziel beim Laufen habe. Ich bin verlegen und nicht vorbereitet auf solch eine Frage. Ich stammle etwas von „den eigenen Weg finden“ und „meine Wahlheimat mit meiner ursprünglichen Heimat verbinden wollen“ oder „einfach mal den Rucksack auf und los.“

Häufig sind die Menschen, mit denen ich ins Gespräch komme, über meine Motivation begeistert, und dann kommt schnell die Frage nach der Angst und danach, wie ich mit dem Alleinsein klarkomme. Das mit der Angst erkläre ich unterschiedlich. Manchmal mit der Gegenfrage, vor was oder vor wem ich Angst haben soll, und manchmal auch witzig, indem ich einfach sage: „Die Bösen haben gerade Urlaub.“

Eine weitere beliebte Frage ist die nach der Unterkunft. Viele können sich gar nicht vorstellen, dass ich selten die

Unterkunft vorgebucht habe und häufig nachmittags immer noch nicht weiß, wo ich die Nacht verbringen werde. Hier argumentiere ich mit meiner Erfahrung der letzten Tage und sage optimistisch: „Ein Bett und etwas zu essen gibt es immer und überall, ich musste noch nie auf der Straße oder im Wald schlafen." Ebensowenig musste ich bisher beim Dorfpfarrer oder bei der örtlichen Polizei oder einfach bei Privatpersonen nach einer Bleibe fragen.

Da fällt mir meine Europatour ein, die ich vor 40 Jahren zusammen mit einer Freundin machte. Wir waren mit den Rucksäcken und per Anhalter unterwegs. Meine Freundin Gabi wollte ihre damals kleine Tochter besuchen, die in Bonn bei ihrem Vater aufwuchs. Also trampten wir zunächst nach Bonn, besuchten die Kleine, und da Gabi zu dem Vater ihrer Tochter keine gute Beziehung hatte, mussten wir nach dem Besuch dieses Haus wieder verlassen und standen am späten Abend, nach Torschluss der Jugendherberge mitten in Bonn auf der Straße. Da wir kein Geld für eine Unterkunft in einem Hotel eingeplant hatten, verschwendeten wir auch keinen Gedanken daran, in der Nacht noch ein Hotel oder eine Pension zu finden. Ich sagte scherzhaft: „Fragen wir doch mal die Polizei, wo wir bleiben können, und dann fuhr uns auch schon ein Streifenwagen über den Weg, den ich – gesagt, getan – stoppte und den darin befindlichen Polizisten nach einer Unterkunft für die Nacht fragte. Der hatte zunächst auch keine Idee, aber dann lud er uns ein, mit auf die Wache zu kommen, und verstaute unsere Rucksäcke im Kofferraum des Polizeiautos. Dort angekommen, durften wir in einer sogenannten Ausnüchterungszelle auf zwei aufgestellten

Pritschen für die Nacht Platz nehmen. Wir kamen uns wie die Königinnen vor mit einem eigenen Raum für die Nacht. Am nächsten Morgen wurden wir sehr früh mit Kaffee geweckt, da der diensthabende Polizist bald Feierabend hatte und wollte, dass wir vor seiner Ablösung die Wache wieder verlassen haben. Frisch ausgeschlafen und voller Optimismus, dass das mit dem Übernachtungsplatz in den nächsten Wochen immer wieder funktionieren wird, zogen wir weiter und suchten uns die nächste Mitfahrgelegenheit Richtung Dover, um die Fähre nach Calais zu bekommen.

Heute erkenne ich schnell, dass ich es in der Hand habe, ob ein Gespräch überhaupt stattfindet oder nicht. Die Menschen, die mir auf der Strecke begegnen, sind mir gegenüber zunächst zurückhaltend. Und wenn ich den Schlüssel finde, um ein Gespräch zu eröffnen, kommen die bereits erwähnten Fragen.

Am Abend erreiche ich eine brandenburgische Kleinstadt. Hoffnungsvoll beginne ich rumzutelefonieren, um ein Bett für die Nacht zu bekommen. Betriebsferien, kein Anschluss unter dieser Nummer usw. Beim 4. Versuch bekomme ich ein Angebot, vergesse nach dem Preis zu fragen und laufe zur Adresse. Ein adipöser Mann mit fettigem und strähnigem Haar empfängt mich und nennt mir seinen utopischen Zimmerpreis für die schlichte Unterkunft. Ich versuche zu verhandeln, jedoch wird schnell klar, dass es hier um das Prinzip „Ente oder Trente" geht.

Ich bin müde, die Füße tun weh. Ich bin weichgeklopft, entscheide mich für die Ente und miete das Zimmer. Das überteuerte Frühstück lehne ich ab und sage: „Da gehe ich lieber zum Bäcker." Das schlechte Gewissen veranlasst ihn, mir ein Begrüßungsbier auszugeben. Im Zimmer finde ich kleine Flachmänner als Betthupferl vor. Offensichtlich möchte er seine Nähe zu alkoholischen Getränken gerne mit seinen Gästen teilen.

Ich kombiniere das Begrüßungsbier mit Nüssen, die der Zimmer-Service neben den Flachmännern bereit hält, und gehe schlafen in der Vorfreude auf das Bäckerfrühstück.

11. Tag

Die Variationen von Landschaften bedeuten mir sehr viel. Zwischen Erhebungen fühle ich mich geborgen. Auch mag ich die Geräusche und Gerüche des kommenden und gehenden Gewässers.

Am nächsten Morgen begebe ich mich auf den Marktplatz zum Bäcker. Ein frisch belegtes Käsebrötchen, ein Jogurt und ein schmackhafter Kaffee zu soliden Preisen stellen mich zufrieden und machen mich erst einmal satt und kräftig für die erste Runde des heutigen Tages. Ich genieße die Marktplatzatmosphäre und schaue bei einem zweiten Kaffee zu, wie sich das soziale Leben dieses kleinen Städtchens aufbaut.

Frauen kommen in Kittelschürzen zum Bäcker, um Brot und Gebäck zu kaufen und halten freundlich ihre Morgenschwätzchen miteinander und mit der Bäckersfrau. Dann kommen die Männer vom Ort. Der Bäckerladen hier scheint der Ersatzstammtisch zu sein. Es wird heftig und lautstark vor meinen Ohren beim Kaffeetrinken diskutiert. Die Gespräche wirken sehr demonstrativ, als würden sie bewusst vor meinen Ohren geführt werden.

Dennoch werde ich ignoriert, obwohl ich fühle, dass man mich schon zur Kenntnis nimmt. Als der Satz fällt „Die Kinder der

IS-Leute sind auch Verbrecher und gehören vernichtet statt nach Deutschland geholt", platzt mir der Kragen. Ich sage zwei bis drei kräftige, inhaltliche Sätze dagegen, und dann bekomme ich das Kompliment, „dass ich wohl im Bundestag arbeite, weil ich so rede".

Jetzt bin ich mit ihnen im Gespräch und mir wird klar, dass es wichtig ist, im Gespräch zu bleiben, und dafür meine Meinung hinten anzustellen. Auch muss ich mir die Haltung gefallen lassen, dass ich ja wohl gar keine Ahnung von der Wirklichkeit hätte, als der Hauptredner der Gruppe mir folgendes erklärt, um seine Meinung zu manifestieren: „Ich bin im dritten Reich geboren und in dem sowjetisch besetzten Sektor großgeworden. Ich habe viel in der DDR gearbeitet und nun bin ich in der BRD alt geworden."

Dann geht es um unsere Kanzlerin Angelika Merkel. „Sie war ja eine von uns und macht dennoch die gleichen Fehler wie die Anderen." Die Stimme klingt enttäuscht. Sie gestehen sich ein, dass auch sie nicht perfekt sein kann. Danach wird unser System unter die Lupe genommen und festgestellt, dass der Kapitalismus Scheiße sei und Arte ein guter Fernsehsender. Darauf können wir uns einigen.

Ich sage noch beim Abschied: „Aber die Kinder der IS-Leute werden nicht totgeschlagen." Das wird widerum gekontert mit der Aussage, „dass sie dennoch nicht in unser Land gelassen werden sollten".

„Alles braune Soße" sagt später eine Freundin zu mir, als ich ihr diese Begebenheit erzähle. Ich denke eher, „es ist eine verquirlte Sauce".

Ich ziehe weiter und stelle fest, dass ich allmählich das flache Land verlasse. Die Landschaft erhebt sich und die ersten Hügel tauchen auf. Ich fühle mich geborgen, beschützt, bin keine Flachländerin, sondern ein Kind des Mittelgebirges, das spüre ich sofort, als ich in die Hügellandschaft hineinlaufe.

Die Vegetation wird abwechslungsreicher und dann ist die Saale da. Stolz liegt sie wie eine Schwester des Mains in der Landschaft.

Ich höre die Flussgeräusche von der kleinen Pension aus, in der ich heute übernachte, und begebe mich zum Sonnenuntergang nochmals an ihr Ufer, schaue ihren kleinen verspielten Wasserbewegungen zu, die aussehen wie Tierkrallen, die sich über die im Flussbett liegenden Steine hermachen.

Veränderungen, Vertrautheiten und Fehlerkorrekturen

12. Tag

Es ist an der Zeit herauszufinden, was an der Entwicklung der Menschheit Fortschritt oder Rückschritt war.

Die Landschaft verändert sich immer häufiger. Hügel tauchen auf, kleinere und größere Gewässer präsentieren sich. Vorbei ist es mit dem flachen und waldarmen Erscheinungsbild in der brandenburgischen und sächsischen Landschaft. Die Vegetation wird üppiger. Die Luft ist geschwängert von Gerüchen des Laub- und Nadelwaldes, die die trockene und staubige Luft der Tage zuvor ablösen.

Erste Touristen begegnen mir. Häufig auf Fahrrädern. Eine nette Frau in meinem Alter ist mit ihrem Rad zu einem Tagesausflug unterwegs und hat das bekannte Problem mit der Angst und der Einsamkeit, als sie mich so alleine stapfen sieht. In einer Rastplatzhütte quatscht mir ein unausgelasteter Rentner das Ohr mit seinen Eigentumssorgen voll und hört überhaupt nicht mehr auf zu reden. Ich beende meine kleine Pause, nehme meinen Rucksack und verabschiede mich freundlich.

Die Saale begegnet mir immer wieder. Wilde Pflanzen, die mich an Korsika und Schottland erinnern, säumen die Uferlandschaft.

Auf einer alten, stillgelegten Poststraße werde ich nach Naumburg geleitet. Die Stadt liegt am Nachmittag wie eine Perle vor mir. Ich habe vor, im Stadthotel zu übernachten und freue mich auf solides Hotelleben, Service und eventuell Gespräche mit anderen Gästen.

Aber ein weiteres Geisterhaus empfängt mich. Ich checke telefonisch ein und über den Schlüsselkasten bekomme ich meinen Zimmerschlüssel. Kein Service-Personal, keine Gäste, die irgendwo in der Hotelöffentlichkeit einen Drink zu sich nehmen, keine Düfte aus der Hotelküche, nichts. Nur vereinzelte Gäste, die mit dem Prozedere des telefonischen Check-ins offensichtlich besser klarkommen als ich. Am Abend lerne ich Personal kennen, das gleich drei Hotels dieser Art über ein Call-Center verwaltet. Geisterhotels wie meines? Hotels der Zukunft?

Im Restaurant, das zu den Hotels gehört, ca. 1,5 Kilometer weiter, finde ich das Ambiente, das ich heute brauche. Gutes Essen, Saale-Unstrut-Wein und ein Schwatz mit einem echten Kellner sowie die Möglichkeit des E-Mail-Checks versöhnen mich wieder etwas.

13. Tag

In unauffälligen Ort- und Landschaften leben
einfache, ganz normale Menschen.
Und dann komme ich.

Welch ein vielfältiger Tag. Heute morgen noch mit relativ zufriedenen Bürgern gefrühstückt und mich dann auf den Weg zur Wanderung an die Saale gemacht. Vorbei an Sekt- und Weingütern, mit Leuten beim Picknick gequatscht und beim Genusswandern die Zeit verpeilt.

Jetzt fällt auch immer häufiger das Internet aus. Ich entscheide nach 14 Kilometern Fußmarsch, ein kleines Stück mit dem Zug zu fahren, um die Kraft zu haben, weitere acht Kilometer zur Unterkunft bergauf zu laufen. Gesagt getan, doch leider hüpfe ich in den falschen Zug, der mich nach Erfurt oder Eisenach gebracht hätte. Die Unterkunft liegt jedoch auf der Jenaer Strecke.

Nach zwei Stationen versuche ich, meinen Irrtum zu korrigieren, springe aus dem Zug und versuche mich mit Hilfe meines Handy-Programms durch den Wald zurückzuschlagen, da nicht herauszufinden ist, wann der nächste Zug zurück geht. Jedoch ist mein Lauf-GPS nur am Tanzen und führt mich in die Irre.

Ich gebe auf und gehe zurück zum Bahnhof. Gott sei Dank kommt ein Zug, der mich zum Ausgangspunkt zurückbringt. Wieder in Bad Köben angekommen, nehme ich diesmal den richtigen Zug nach Dornburg. Die Tochter meiner Wirtsleute holt mich mit ihrem Wagen ab und bringt mich auf den Berg zu ihren Eltern, noch schnell, bevor die Nacht einbricht.

Für die Wirtsleute und wenigen Stammgäste scheint mein Erscheinen spektakulär zu sein. Ich bekomme durch ihre Verschämtheit im Umgang mit mir das Gefühl, dass ich ein Wesen aus einer anderen Welt bin. Ich spüre Fremdheit auf beiden Seiten und kämpfe gegen das Gefühl, hier zu stören. Das Telefonat mit der Wirtin am Nachmittag fällt mir wieder ein. Sie riet mir fast ab, hierher zu kommen, da die Unterkunft ja so hoch oben im Berg sei. Ich hatte fast das Gefühl, dass sie aus Scham bezüglich ihres Betriebes kein Zimmer an mich vermieten wollte. Aber genau das forderte mich heraus, den Abstecher von der Strecke für die Nacht in Kauf zu nehmen.

Da sitze ich nun. In einem verlassenen Feriendomizil der DDR ohne Fernseher, Funk und Internet, mitten im Wald. Die Tiere des Waldes sind mir näher und mehr Nachbarn als die Wirtsleute, die drei Bergterrassen tiefer ihr Domizil haben. Irgendwie gruselig vertraut und dennoch sehr außergewöhnlich.

Hier auf der Tautenburg, circa eine halbe Stunde von Dornburg entfernt, haben bereits Johann Wolfgang von Goethe, Friedrich Nietzsche und andere die Einsamkeit genossen. Ein Ort, der mit seinen liebevoll gepflegten Vorgärten und Häusern bereits um die Jahrhundertwende Sommerfrischler und Ruhe Suchende angezogen hat. Dieser Ort ist einer der letzten Plätze in Mitteleuropa, wo noch die Milchstraße ihre ganze Pracht entfaltet. Hier befindet sich auch das größte Teleskop Deutschlands.

Ich bekomme Lust zu verweilen. Aber solch eine Streckentour, wie ich sie mache, bedeutet auch, täglich ein Stück von der großen Strecke abzuknabbern. Also überwinde ich meine Lust und ziehe weiter.

14. Tag

Wem gehört der Weg?

Heute morgen verlasse ich den Berg und wandere im Tal weiter.

Ein Motorradfahrer, der am frühen Morgen sein Kurventraining machen will, durchbricht meine Morgenidylle. Krach, Gestank und die Gefahr, dass er aus der Kurve fliegt, beeinträchtigen das Paradies. Ich schreie und irgendwann, als er zum 4. Mal an mir vorbeirast, fuchtele ich mit meinen Nordic-Walking-Stöcken. Auch für erforderliche Drohgebärden sind sie gut, wie ich gerade feststelle. Offensichtlich hat es gewirkt. Er kommt nicht wieder.

Das Genusswandern nimmt seinen Lauf. Welch ein Unterschied zu der Situation zuvor. Ruhe, ein leiser warmer Sommerwind und Vogelgezwitscher begleiten mich bei meiner Wanderung bergab. Die Welt scheint wieder mir zu gehören.

Überall schöne Stellen zum Niederlassen und zum Aussicht genießen. An einer Umsetzstelle an der Saale trinke ich eine Schorle und unterhalte mich mit einem Paar, das mit dem Boot unterwegs ist. Erinnerungen an meine Bootstouren mit Jürgen mit Zelt, Wein und Käse in der Bootsspitze machen mich melancholisch.

Und dann praktiziere ich wieder „das vertraute Verlaufen", da ein Schild unklar aufgestellt ist, an dem ich mich orientiere. Naja, hier gilt er wieder, der Satz, dass Irrwege auch zum Ziel führen.

Die schönen Plätze zum Verweilen drängen sich hier in der Gegend geradezu auf. An einer kleinen Quelle entdecke ich ein selbstgebasteltes Wasserrädchen, was sich munter dreht, daneben eine Bank. Ja, da kann man doch nicht einfach vorbeisehen. Ja, da muss man doch verweilen und genießen und genießen und verweilen ...

Vor Jena beginne ich mit der Zimmersuche und finde ein Hostel in Weimar. Also buche ich mir für heute dort einen Schlafplatz für die Nacht. Das Hostel heißt Labyrinth. Passend zu meinem Thema „Irrwege führen auch zum Ziel".

Von Jena nach Weimar schenke ich mir 20 Kilometer Zugfahrt, um vor dem großen Anmarsch nach Erfurt noch etwas zu entspannen. Trotz etwas Regens in Weimar empfängt mich eine völlig entspannte Stadt, die sich schon als solche am Bahnhof präsentiert. Ich fühle mich wohl hier.

Eine Unterkunft mit netter Küche und Wohnzimmer, der Supermarkt um die Ecke. Endlich mal wieder selbst kochen und einkaufen – was für ein Luxus selbstbestimmt zu essen. Meinen viel zu großen Nachtisch teile ich mir mit einer Gästin, die, wie sich später herausstellt, auch gleichzeitig meine Bettnachbarin im 4-Bett-Zimmer ist.

Zwei weitere Übernachterinnen schlagen dort auf und wir tauschen uns bis in den späten Abend hinein über das Unterwegs-Sein aus. Die jüngeren Frauen bemerken alle, dass sie sich solch eine Tour, wie ich sie mache, nicht zutrauen würden.

Ich frage mich warum denn? Worin liegt die besondere Herausforderung bei dem, was ich mache?

Halbzeit

15. Tag

Jetzt bin ich mir sicher, dass ich mein Ziel erreichen werde. Die Zweifel, dass ich die Tour eventuell abbrechen muss, sind von mir gegangen.

So nett, wie mich Weimar empfangen hat, verabschiedet mich diese Stadt auch wieder. Bei zufriedenen und entspannten Wirtsleuten im Weimarer Land trinke ich eine Schorle und staune über eine Familie, die um 10 Uhr 45 schon jede Menge Pommes mit Fleisch bestellt.

Nils fragt an, wie es mir so geht auf der Strecke, und versüßt mir den Tag dabei. Ich fotografiere viele Blumen für seine Freundin Darlyn, laufe durch trockene, spätsommerliche Felder und über Hügel und sehe viele weidende Tiere. Ich entdecke einen ausgetrockneten See, der die darin gewachsenen Pflanzen und Gräser allesamt in eine Rotfärbung gebracht hat. Wie ein wunderbarer Zauber liegt diese Fläche vor mir. Ich laufe durch viele kleine und kleinste Dörfer.

Ein betrunkener Mann, gelenkt von seiner Frau, kommt mir um die Mittagszeit entgegen. Ich wechsle die Straßenseite, da er mich ins Visier nimmt. Gott sei Dank beherrscht ihn seine Frau. Sie ist wohl auf dem Weg, ihn nach Hause zu schleppen.

Oft werde ich ja gefragt, ob ich keine Angst hätte, diese Tour zu machen. Gerade Frauen in meinem Alter stellen mir diese Frage und ich stelle dann die Gegenfrage: Angst vor was? Angst vor dem Alleinsein, kam dann oft, oder Angst davor, dass was Schlimmes passiert, ein Überfall, ein Raub oder eine Vergewaltigung.

Angst vor dem Alleinsein in diesem dicht besiedelten Land kann ich nicht so richtig ernst nehmen. Mir begegnen ständig Menschen in den Orten, die ich durchlaufe, an den

Plätzen, an denen ich pausiere, und an den Stellen, an denen ich übernachte.

Ob es zu Kontakten kommt, liegt häufig an mir. Und wenn ich ein Gespräch eröffne, habe ich in der Folge auch eine gute Unterhaltung, und die Leute, denen ich begegne, entwickeln ein großes Interesse daran zu erfahren, wer ich bin und wohin ich will. Häufig sind sie zuvor sehr zurückhaltend, fast scheu und skeptisch. Es scheint, dass ich ein ungewöhnliches Bild für sie abgebe. „Wer ist die denn, als Frau in dem Alter mit Rucksack alleine unterwegs?“ „Das kann ja nur eine bessere Obdachlose sein“, meine ich manchmal auf ihren Stirnen zu lesen. Aber wenn wir dann ins Gespräch kommen, sind sie häufig beruhigt, dass ich doch eine ganz normale Frau bin, die ein interessantes Projekt verfolgt. Nicht wenige beneiden mich sogar darum.

Ich esse eine Falafel in einer Dönerbude wie in Berlin, mitten in Thüringen, und frage mich gerade – während ich hier meinen Reisebericht für heute aufschreibe –, wie es den Betreibern dieses Imbisses hier wohl ergeht, denn sie haben ihre arabische Mentalität ja mitgebracht und stehen nicht mit blauen Augen und blonden Haaren hinter ihrem Verkaufsstand. Eine offensichtliche Fremdenfeindlichkeit habe ich auf meiner ganzen Wanderung nicht mitbekommen. Darüber bin ich sehr froh.

Angst vor Vergewaltigung und sexueller Anmache stellt sich in meiner Vorüberlegung zur Tour und während der Tour auch nicht ein. Mit diesen Gefühlen hatte ich mehr als jüngere Frau, wenn ich alleine unterwegs war, zu tun. Aber auch während dieser Zeit verflog diese Angst schnell, da ich häufig die Erfahrung machte, dass von Seiten der Männer vorher gefragt wurde nach einem sexuellem Kontakt oder einer gemeinsamen Nacht, als dass sie sich diesen oder diese einfach nahmen.

Ich muss an meine Tour durch Schottland vor 35 Jahren denken. Damals hielt ich einen LKW an und fragte nach einer Mitfahrgelegenheit zu meinem nächsten Ziel. Der Fahrer ließ mich einsteigen, und auf der Strecke, kurz vor meinem Ziel, fragte er mich, ob ich die Nacht mit ihm in seiner LKW-Koje verbringen möchte. Ich spürte seinen Ärger, ja fast Groll, als ich sein Angebot ausschlug, so dass ich mich veranlasst sah, ihn zu bitten, mich sofort aussteigen zu lassen. Das wollte er nicht so schnell und demonstrierte damit seine Macht über mich. Meiner Forderung, sofort anzuhalten, kam er aber dann doch irgendwann nach. Ich sprang von diesem LKW und bat um die Herausgabe meines Rucksacks. Dieser Bitte kam er schlecht gelaunt und grollend entgegen, packte den Rucksack dann doch und schmiss ihn mir sehr verärgert über sein nicht erreichtes Ziel in den Nacken.

Schlotternd stand ich dann in der untergehenden Sonne, mein Ziel noch zu weit weg, um es zu Fuß zu schaffen, als ein Wagen anhielt und ich gefragt wurde, wo ich hinwolle. Mir fiel es sehr schwer, wieder Vertrauen zu fassen und das abgegebene Angebot anzunehmen.

Auf der Fahrt erzählte mir der Fahrer, er sei ein Architekt aus Frankreich und lebe mit seiner hochschwangeren Frau in einer Vorstadtsiedlung in jener Stadt, wo ich die Nacht verbringen wollte. Er lud mich zum Abendessen ein, da seine Frau kaum Kontakt habe und froh wäre, ein anderes Gesicht zu sehen. Voller Misstrauen hörte ich die Nachtigall trapsen und nahm mir vor, dieses Haus nicht zu betreten, sofern seine schwangere Frau uns nicht die Türe aufmachte. Ich bat den Fahrer, dem ich zuvor die Story mit dem LKW-Fahrer erzählte, seine Frau an die Türe zu rufen, was er auch tat. Sodann verbrachte ich mit den beiden einen wunderschönen Abend, bis sie mich in die örtliche Jugendherberge fuhren, bevor diese die Tore schloss.

Ja, schnelles Vertrauen fassen, das lernte ich auf all meinen Reisen unterwegs.

Die Neuseelandtour 1990 fällt mir wieder ein. Ich erinnere mich an eine Wanderung durch einen großen Nationalpark, die mehrere Tage an vielen Seen vorbeiführte, und am Abend konnte man mit seinem mitgebrachten Rucksack in schlichten Holzhütten übernachten. Auf der Strecke lernte ich einen Mann aus Neuseeland kennen, der vorschlug, den Weg doch gemeinsam zu gehen, da er ja das gleiche Ziel habe wie ich. Er kannte den Weg sehr gut, da er hier in der Gegend öfter unterwegs war, und erklärte dann, dass dieser jetzt eine Weile durch ein Gewässer führe. Auf meine Frage, wie wir da rüber kämen, sagte er: „Alles ausziehen, die Klamotten in den Rucksack und den Rucksack auf den Kopf." Mir wurde ganz schwindelig. Aber als er sagte, er gehe vor, fasste ich schnell Vertrauen und folgte seinen Ansagen. Drüben auf der anderen Seite des Gewässers angekommen, zogen wir uns wieder an und setzten unsere Tour bis zum Einbruch der Dunkelheit fort.

Ich laufe weiter ins Erfurter Land und sehe die Stadt schon in der Senke, und dieses Bild lässt meine müden Knochen nochmals wach werden und durch die Stadt wandern bis zur Unterkunft. Vorbei an einem Neubauviertel, das vor den Toren entsteht, erreiche ich die ersten Außenbezirke. Erfurt wirkt sachlich, nüchtern, pragmatisch und anonym auf mich. Der kleine romantische Teil rund um die Krämerbrücke scheint der Magnet zu sein, der die Touristen anzieht, der nichts aber auch gar nichts mit dem Rest der Stadt zu tun hat.

Ich lande in einer netten, aber wieder einmal personallosen Unterkunft. Ich logge mich mit einem Code, der mir über das Handy geschickt wurde, ein und weiß nicht, wer mir diesen Schuppen vermietet hat. Der Code ist begrenzt für einen Tag auf meinem Handy. Dann ist er wieder weg.

Als ich am nächsten Morgen das Haus verlassen will, um an meinem Ruhetag in Erfurt einiges zu tun und zu erledigen, habe ich Angst nicht mehr zurück ins Haus zu kommen, wo ich für zwei Tage ein Zimmer gemietet hatte. Die mir mitgeteilte Handynummer funktioniert nicht. Auf E-Mails wird nicht reagiert. Ein Gast gibt mir seinen Code und ich kann das Haus verlassen und wiederkommen.

Ich besuche an diesem Tag bei meiner Stadtdurchquerung auch das Bundesarbeitsgericht, schaue ins Gebäude, kann aber leider keine Verhandlung beobachten, da gerade Sommerpause ist. Ein Schreiboffice ist hilfreich für Termine und anderen Kram, den es zu erledigen gibt.

Eine kleine Küche in der Unterkunft lädt zum Kochen ein. Ich kaufe schöne Sachen im Bioladen und koche Reis und Gemüse und Tofu und habe habe dann auch für den nächsten Tag noch ein tolles Essen für unterwegs, das ich in kleine Plastikdosen füllen kann.

Ich rufe meine Cousine Brigitte an und verabrede mich mit ihr in Gemünden. Freue mich sehr über den nächsten Besuch auf der Strecke.

Gleichzeitig heißt es aber auch, dass ich einen Termin habe, den ich einhalten muss, und ich kann mich nicht mehr ganz so genusstreibend durch die Landschaft bewegen, wie ich möchte, sondern brauche ein gewisses Zeitmanagement, um die Verabredung einzuhalten.

Für die Füße gönne ich mir an diesem Ruhetag in einem Kosmetik- und Wellness-Salon ein Pflege- und Kraulprogramm. Das tut gut. Die „Bearbeiterin“ meiner Füße kann gar nicht glauben, dass man so weit laufen kann, wie ich es bereits getan habe und noch weiter tun werde. Ich kann sie nicht davon überzeugen, dass wir „Laufwesen sind und mit Füßen auf die Welt gekommen sind“. So viel laufen, wie ich es tue, scheine nicht gut zu sein, sagt sie und verweist auf meine behandlungsbedürftigen Füße.

Alltag auf der Strecke

16. Tag

Auch die Nase ist beim Gehen dabei. Trockene Erde, verbrannte Wälder, von der Sonne aufgewärmte Pinien und vom Regen in Duft gebrachtes Laub.

In der morgendlichen Frische verlasse ich die Stadt. Es hat die ganze Nacht geregnet. Schnell erreiche ich den Wald, der nach feuchter Tanne und Blättern riecht. Das tut gut in diesem trockenen Sommer, der die Wälder zu Zunderplätzen verwandelt hat. Oh wie ich diesen Waldgeruch liebe.

Sehr schön ist die Strecke durch Thüringen in dem teilweise schon fast gebirgsartigen Gelände. Den Aufstiegen gehe ich geschickt aus dem Weg und genieße das Weiterlaufen in Flusstälern. Heute gehe ich an der Gera entlang. Ein munteres kleines Flüsschen, das mich zwischen Erfurt und Arnstadt begleitet.

Der Arnstädter Raum empfängt mich mit einem smaragdgrünen See, roten Hagebutten und weißen Schwänen. Dann laufe ich auf die Stadt zu und mitten durch das sogenannte Erfurter Kreuz. Das ist die Industrielandschaft von Thüringen. Autoindustrie ohne Ende, gefolgt von Versicherungsindustrie und dann kommen die Flachmänner auf der Wiese (Bauhäuser, Supermärkte, Garten-Center). Vorbei ist es mit der Schwan- und Seeidylle, vorbei auch mit dem Duft des Waldes nach einer Regennacht. Nach vier Kilometern durch diese Infrastruktur habe ich mich zum Kern des Ortes vorgearbeitet.

Arnstadt ist erstaunlich schön. Wie ich später erfahre, ist es der älteste Ort von Thüringen, seit 704 benannt, und im Laufe der Jahrhunderte immer wieder aufgesucht von Persönlichkeiten, die wir zum Teil kennen. Hier hatte beispielsweise Johann Sebastian Bach seine Karriere begonnen.

Eine besondere Atmosphäre bei meiner Ankunft vermittelt das Bild, dass Menschen auf gegenübergestellten Bänken sitzen, die Septembersonne genießen und ihre Pläuschchen auf diese Art und Weise halten. Auch auf den Balkonen der Plattenbauten, die zwischen all den Renaissance-Häusern stehen, rauchen, lachen und streiten sie. Die Cafés und Kneipen sind weitestgehend leer. Die Leute scheinen hier kein Geld für Gastronomie zu haben.

Und für die Kreativen gibt es einen offenen Künstler-Laden, in den „jeder eintreten und mitmachen kann, solange das Licht brennt“. So der Einladungstext. Gegenüber ein Tafel-Laden für Lebensmittel und Klamotten für die Armen der Stadt.

Ich begebe mich zur „Goldenen Henne“, ins Thüringer Kloß-Hotel, werde von der Besitzerin selbst empfangen und lande in einem kleinen, günstigen Zimmer in einem historischen

Haus, in dem Otto von Bismarck sich schon die Stufen hochgequält hat, um in seine Gemächer zu kommen.

In der Abendsonne schaue ich mich noch etwas im Städtchen um. Verspielt und unversehrt stehen hier Häuser aus dem 13. Jahrhundert herum und erinnern an die uralte Zeit. Ein wenig Social-Live für die Bevölkerung gibt es auch. In der Kneipe namens „Brandopfertreffen“ hat sich ein Trinkgrüppchen zusammengefunden. Jugendliche Männer, so scheint es, nehmen mit ihren Mountain Bikes die immer leerer werdenden Straßen ein.

Ich freue mich auf den Kloß im Hotel. Die Wirtin schmeißt hier alles. Rezeption, Tresen, Service. Ihr Mann ist in der Küche und schmeißt dort alles. Herd, Spüle, Essensportionen.

An diesem Abend ist kein weiteres Personal vorhanden. Ich nehme Platz in der Nähe von drei dicken Monteuren, die je ein Essen für eine ganze Familie bestellen. Drei große Klöße und dicke Fleischscheiben in blubbernder Sauce.

Ich ziehe die Seniorenportion mit einem Kloß zum Wildschwein, das ich mir als Fleischvermeiderin heute gönne, vor. Die dazu gelieferten Champignons verschwinden in der dicken, klitschigen Mondaminsauce. Nachdem ich das Essen fünf Minuten vor mir stehen habe und kein Werkzeug dazu geliefert wird, werde ich selbst aktiv und hole mir das Besteck und den Wein wie in einer Kantine vom Tresen ab. Für mich selbstverständlich. Für die Wirtin eine peinliche Situation. Das Wildschwein ist so zäh, dass ich es kaum schneiden kann.

Inzwischen sind mehr als 50 Gäste da, die essen und trinken wollen. Die beiden Leute schuften wie blöd und die Gäste helfen mit. Bei der Frage nach dem Personal heißt es nur: „Drei Krankenscheine sind genug, damit ist mir nicht geholfen." Ich denke sofort personalpolitisch und schweige, da ich nicht mit der völlig überlasteten Wirtin in die Konfrontation gehen will. Dennoch spüre ich, dass ich die Arbeitsrechtlerin, die ich bin, nicht zu Hause gelassen habe und mir Beschäftigungsbedingungen wichtig sind.

Passend dazu entdecke ich auf meinem Handy noch eine Anfrage für ein Arbeitsrechtsseminar nach meiner Rückkehr nach Berlin. Aber damit will ich mich heute nicht mehr beschäftigen.

Beim Einschlafen denke ich an die Sozialgesetzgebung, die durch Otto von Bismarck mit auf den Weg gebracht wurde, unter anderem auch die Krankenversicherung, und stelle mir die Frage, wie wohl die Gastronomie der Zukunft aussehen kann.

Ohne Personal wird diese nicht aufrechterhalten werden können, und ohne Respekt vor fremder Arbeit wird es zunehmend schwerer werden, dafür Leute zu bekommen.

17. Tag

Spontanität hat seinen Preis.

Auf nach Oberhof. Mein Wanderprogramm zeigt mir eine Tour in die Berge und zunächst erst einmal bergauf an. Ich bin noch zu müde, um auf einen Berg zu krabbeln, suche mir einen Fahrradweg aus und darf unten bleiben. Leider lande ich zunächst auf einer sehr befahrenen Ausgangsstraße. Doch schnell finden sich einige Alternativen am Fluss entlang. „Wilde Gera", „Zahme Gera", sehr schön das Gera-Tal. Der Fluss ist ein treuer Begleiter den ganzen Tag. Ich laufe und laufe durch das Tal, nehme Platz an kleinen Wehren und freue mich des Lebens.

Das Wetter lädt erneut zum Schlendern durch die Landschaft und zum Niederlassen und Verweilen ein, wo es gerade gefällt. Ich wandere durch Orte und sehe traditionelle Häuser aus der Gegend. Viel Holz und viele Schindeln aus Schiefer gibt es hier, aber auch viel Verfall und Untergang der alten Gebäude, die alle einmal eine Funktion hatten.

Eine Eismanufaktur hält mich vom Weitergehen ab. Erstaunlicherweise ist sie mitten in der Woche brechend voll. Genussvoll verspeise ich hier ein dickes Eis und setze meine Tour mit schwerem Bauch fort.

Es ist schon spät. Ich will in einer Jugendherberge übernachten und finde sie verschlossen vor. Ein Anruf klappt nicht, so packe ich meine Sachen und ziehe weiter Richtung Oberhof.

Da ich auf der ganzen Strecke so gut wie keinen Funk hatte, entschließe ich mich, durchzulaufen und am Abend in Oberhof eine Bleibe zu suchen. Es wird schon dämmrig auf der Strecke. Ich realisiere, dass ich noch einen sehr langgezogenen Berg hochlaufen muss, um zum Ziel zu kommen. Blöderweise habe ich bei meiner Entscheidung, nach Oberhof zu laufen, vergessen, die Höhenmeter zu beachten. Die Schritte beginnen schwer zu werden, meine Tageskraft ist aufgezehrt und dennoch muss ich weiterziehen.

Denn hier im Wald will ich nicht die Nacht verbringen, sondern unter meinesgleichen in einem Ort. Ich sehe mich schon von Tür zu Tür an den Häusern klopfen, um nach einer Unterkunft zu fragen. Noch eine Serpentine und noch eine und jetzt spüre ich auch den Rucksack als Last, was ich bisher nicht bemerkt habe.

Die ersten Häuser tauchen auf und dann ein Schild am Straßenrand. „Traumblick“, 250 Meter von hier mit Übernachtungsmöglichkeit. Nichts wie hin. Eine einladende Türe öffnet sich durch den Bewegungsmelder und ein Kamin mit virtuellem Feuer empfängt mich in der Halle. Jedoch ist kein Mensch weit und breit zu sehen. Ich finde einen Hinweis „Bitte rufen Sie mich an, ich bin sofort da.“

Hahaha, denke ich, warum soll ausgerechnet jetzt das Telefon funktionieren, wo ich doch den ganzen Tag weder Netz noch Funk hatte, aber siehe da, es klappt, und zwei Minuten später steht tatsächlich ein Mensch vor mir. „Ich bin eine arme Wandersfrau und suche für die Nacht eine Unterkunft, und dafür möchte ich nicht sooo tief in die Tasche greifen", trage ich vor, denn meine Übernachtungsmöglichkeit, in der ich gelandet bin, sieht etwas hochpreisig aus.

Der Mensch in schmutziger Arbeitshose ist sehr hilfsbereit und wühlt am PC den Belegungsplan durch, um meinem Anliegen zu entsprechen. Ich bin davon überzeugt, dass ich es mit dem Hausmeister des Hotels zu tun habe und freue mich über sein Engagement. Er findet kein günstiges Single-Zimmer und checkt mich in ein hochwertiges Doppelzimmer zum Sonderpreis ein. Ich bin glücklich, freue mich sehr über das Zimmer und über die gerettete Nacht. Jedoch frage ich mich so nebenbei, wieviel Kompetenz dieser Angestellte wohl haben mag. Am Ende ist es mir egal. Ich habe wie bisher jeden Abend eine Bleibe gefunden.

Langsam kommen hingegen andere Kühe aufs Eis. Nils ruft an, dass er Inga nicht erreicht hat, die einen Schlüssel zur Wohnung hat, um an wichtige Papiere zu kommen, die er noch bei mir hat und die er braucht. Ich realisiere, dass ich ihm die falsche Telefonummer gegeben habe und fühle mich als Mutter schlecht. Auch diese Rolle habe ich mit auf die Strecke gebracht und nicht zu Hause gelassen.

Sind die Unterlagen wirklich da, wenn er den Zugang über Ingas Schlüssel in die Wohnung hat? Ich weiß es nicht und fühle mich auch deshalb schlecht, da Nils sie mir doch anvertraut hat. Ich finde keine Ruhe zum Schlafen, wälze mich hin und her. Die Nacht scheint nicht vergehen zu wollen.

Altes Handwerk und neue Blicke

18. Tag

Der Nebel lichtet sich.

Ich frühstücke wie eine Fürstin und schaue durch das Panoramafenster in den ersten herbstlich aufziehenden Nebel. Es scheint zu regnen. Juhuu, heute sind die Regensachen erstmalig dran.

Immer noch müde und übernächtigt mache ich mich auf die Socken und laufe auf der anderen Seite den Berg wieder hinunter. Vorbei an einem wunderschönen Bahnhof aus dem 19. Jahrhundert bewege ich mich durch das Laubachtal. Inzwischen habe ich die umsonst hervorgeholten Regensachen wieder verpackt, denn die nebelartige Feuchtigkeit musste schnell der Sonne weichen.

Julia, eine meiner Auftraggeberinnen für die Arbeitsrechtsseminare, ruft an. Wieder kein Netz. Ich simse zurück. Das klappt. Sie erklärt, dass es Stress gibt, wenn das Seminar ausfällt, was für die Bildungsurlauber vorgesehen ist. Ich erkläre Bereitschaft, früher nach Berlin zu kommen, wenn es Teilnehmende gibt, somit ist auch diese Kuh vom Eis. Nils schickt ein Foto über WhatsApp. Offensichtlich hat er seine Unterlagen in meinem Schrank gefunden. Alle Kühe sind vom Eis. Ich fühle mich wie neugeboren und entlastet, da sich die Dinge in meinen Welten zu Hause geklärt haben.

Froh besuche ich das Museum für Gesenkschmiede, das auf der Strecke liegt, und lerne einen kompetenten Menschen mit hohem Geschichtsbewusstsein kennen, der mir den Beruf des Gesenkschmiedes und das ganze Handwerk erklärt und das Gewerk sehr gut mit der Entwicklung der Region in Bezug setzen kann.

Begeistert von dieser Geschichtsstunde laufe ich weiter und teile mir einen Rastplatz mit Stuttgarter Wohlstandsbürgern, die hier Urlaub machen. Nett aber langweilig. Richtung Benzhausen gibt es keinen Weg für mich, und ich ziehe mich wie ein geprügelter und verdrängter Hund eine Weile an der Innenseite einer Leitplanke an einer stark befahrenen Straße entlang, bis ich wieder auf einen gehbaren Feldweg gelange. Ich habe die Autos gründlich satt und laufe lieber durch menschenleere Landschaften, auch wenn ich dabei dann auf das eine oder andere Dorf verzichten muss.

Für heute habe ich genug, schaue mich um nach einem Bett und finde die Pension „Panoramablick“, steige hinauf, da ich ja in Thüringen bin, und genieße den spätsommerlichen Blick von der Terrasse hinab ins Thüringer Tal.

19. Tag

Es wirkt banal, dass ich beim Gehen darüber entzückt bin, dass ich den Duft einer Kiefer wahrnehmen kann oder einen Bach durch Feld und Wiese fließen sehe.

Und wieder den Rucksack auf und ins Tal laufen, heißt es heute morgen.

Beim Frühstück davor komme ich noch etwas mit der Zimmerwirtin ins Gespräch. Sie ist 71 Jahre, ihr Mann über 80 und sehr krank. Für sie ist der Ort hier auf dem Berg das Paradies. Sie will nicht gehen und schuftet für sich und ihren Mann, um diese Existenzen hier aufrechtzuerhalten. Früher war das Ganze eine Speisegaststätte mit Küchenpersonal, jetzt eine Pension, die sie alleine schmeißen muss, berichtet sie. Ich spüre ihr Herzblut in ihrem Geschäft. Sie redet von alten Zeiten aus der DDR, wo sie es mit der Selbständigkeit schwer hatten und als Ausbeuter beschimpft wurden, da sie Personal beschäftigten. Dennoch, Selbständigkeit war immer Tradition in den Familienbetrieben, die durch die Heirat zusammenkamen. „Wirtstochter fand Fleischers Sohn." Hier heiratete man offensichtlich noch fürs Geschäft.

Ich laufe durch die spätsommerliche Landschaft und stelle fest, dass der Herbst seine ersten sichtbaren Zeichen hinterlässt. Die Thüringer Berge laufen aus, werden zum großen Grimmatal. Ich blicke auf einen neuen Gebirgszug. Das muss die Rhön sein.

Tschüss Thüringen, tschüss Thüringer Wald. Ich nähere mich langsam Bayern und bin auch schon im thüringischen Teil von Franken. Die Leute sprechen den für mich vertrauten Dialekt.

Ich habe wieder schwer Internetempfang und laufe ins Blaue, in der Hoffnung, dass es auch heute wieder ein Bett für mich gibt. Der erste Versuch geht schief. Das Hotel direkt auf der Strecke hat Betriebsferien. Die Bäckerfrau in Obermaßfeld schickt mich zu der Fleischerfrau nach Untermaßfeld. Die Fleischerfrau schickt mich zu einer Zimmerwirtin gegenüber vom Gefängnis.

Ich erinnere mich an die Übernachtung in der Zelle auf der Polizeistation in Bonn und sehe eine Option, falls ich bei der nächsten Zimmerwirtin kein Glück habe. Doch dem ist nicht so. Ich werde von einer über 80-jährigen Frau begrüßt, die sich fast schämt, für die Übernachtung von mir Geld zu nehmen.

Sie erzählt von sich, dass sie das Haus ausgebaut hätten, damit alle von der Familie Platz haben, und jetzt sei keiner mehr da.

Das Dorf ist merkwürdig strukturiert. Durchgangsstraße, Kneipe mit Fleischerei, ein Gefängnis, ein Neubaugebiet, in deren

Gärten Enten herumlaufen, ein Bankautomat und das wars.

Ach ja, und meine kleine Pension, in der ich heute Nacht eine Wohnung für mindestens vier Leute habe und nur 20 Euro bezahlen muss. Ich fühle mich zurückgebeamt in die frühen 60er Jahre und verdaue meine Bratkartoffeln, die ich als einziges fleischloses Gericht beim Fleischer bekommen habe. Er ist der Einzige heute Abend, bei dem hier im Ort etwas zu essen angeboten wird.

Am nächsten Morgen gibt es Frühstück im Wohnzimmer meiner Wirtin. Sie entschuldigt sich schon wieder. Diesmal dafür, dass sie für das Frühstück fünf Euro möchte. Ich versuche sie zu motivieren, ihre Preise ruhig etwas anzuziehen und gebe ihr ein großzügiges Trinkgeld. Am liebsten wäre ich eine Weile da geblieben, bei dieser Frau, die eine liebevolle Ausstrahlung hat, um sie bei ihren Arbeiten in der Pension etwas zu unterstützen, denn mit diesen Kellerpreisen kann sie sich nicht einmal eine Hilfe leisten. Zwei weitere Gäste aus dem Ruhrgebiet sitzen auch noch mit im Wohnzimmer der Wirtin.

Es sind ehemalige Ossis, die lange vor der Maueröffnung in den Westen gegangen sind und als Touristen hin und wieder zurück in ihre Heimat kommen.

Durch Weißheit wird ein Haus erbaut und durch Verstand erhalten!

Grenzen und noch ein altes Handwerk

20. Tag

Zwischen Himmel und Erde fühle ich mich aufgehoben.

Das Baden in der Landschaft wird immer intensiver. Nachdem ich die kleine Pension in Unteressenbach verlassen habe, lande ich im Schwanenland. Es ist wie ein Landschaftsbad mit besonderem Badezusatz. Ich wandere durch das Werratal, vorbei an der Bernhardtlinde und schraube mich die Rhönhügel hoch und wieder runter. Herumliegende Baumstämme laden zum Verweilen ein.

Und wenn man niemandem Rechenschaft ablegen muss, kann man sich auch einmal im Leben ein wenig wie Pippi Langstrumpf fühlen und die Freiheit genießen und immer wieder selbst entscheiden, wie man das Genusswandern aufrechterhält.

Ich treffe zwei Frauen aus dem badischen Franken, die einen Ausflug ins nahe gelegene Thüringen machen. Wir kommen ins Gespräch und ich genieße den fränkischen Dialekt, der mir nach all den Jahren in Berlin, wo ich ihn kaum vernahm, so vertraut vorkommt. Natürlich war er immer da bei meinen Besuchen in Franken und manchmal auch in Berlin. Jetzt, wo ich mir Franken erlaufe und der Dialekt mir auf der Strecke begegnet, wirkt er besonders wertvoll.

Nachdem ich mich von den beiden Frauen ausgiebig habe bewundern lassen, laufe ich weiter auf dem Friedensweg, wie ich später erfahre, überquere das Thüringer Band, verlasse schließlich Thüringen und wechsele nach Bayern, damit haben mich die sogenannten alten Bundesländer wieder. Ein merkwürdiges Heimat- und/oder Vertrautheitsgefühl steigt in mir auf.

Ich durchquere einen wildwüchsigen Landstrich, der mich der erbarmungslosen Sonne aussetzt. Dass Internet und Funk auch hier durch Abwesenheit glänzen, wundert mich gar nicht.

Circa fünf Kilometer vor meinem heutigen Ziel Mellrichstadt taucht ein verwaschenes Schild auf, auf dem gerade noch zu erkennen ist, dass im nächsten Ort Zimmer angeboten werden. Ich verfolge diesen Hinweis, da das Netz mal wieder nicht funktioniert und in der Karte auch keine Bleibe zu finden ist. Ich bin neugierig, will hier in der Prärie die Nacht verbringen und lande in einem mir sehr vertrauten typisch fränkischen Hof, werde von einem Jäger begrüßt, der mich einlädt, im Garten Platz zu nehmen, bis die Herrin des Hauses kommt, um mir ein Zimmer für die Nacht zu geben.

Ich döse in der Septembersonne und auf einmal steht wie aus einer Wolke ein junger Prinz vor mir. Reibe mir die Augen und sehe, der ist ja echt! Ein Hallo kommt von dem

Sohn des Hauses, der in dieser Oase seine Manufaktur als Büchsenmacher hat und auf eine Kaffeepause in den Garten gekommen ist. Wir unterhalten uns, und ich erfahre vieles über seinen seltenen Beruf. Auch seinen kleinen Betrieb kann ich bewundern. Inzwischen ist die Wirtin gekommen. Ich werde in ein traditionelles Jagdhaus geführt und erhalte ein gemütliches kleines Zimmer. Die Wirtin ist eine 82-jährige schaffende Fränkin, die hier in ihrem Hause noch neun Gästezimmer unterhält, die häufig ausgebucht sind. Sie macht alles noch selbst, nimmt höhere Preise als ihre in etwa gleichaltrige Kollegin in Thüringen, und eine Hilfe hat sie sich auch organisiert, die ihr unter die Arme greift.

Ich ordere aus Mellrichstadt Pizza, Salat und Bier, um den Abend zu überstehen, und genieße den Sonnenuntergang auf diesem Fleck Paradies am ehemaligen Ende der Welt. Denn das war es hier bis 1989. Der Sohn der Wirtin hatte zuvor im Garten noch erzählt, wie er seine Kindheit hier in diesem Niemandsland an der Grenze zur DDR erlebte. Damals wurde ihre Stille unterbrochen durch Musik aus den Dörfern der DDR, durch Kirchenglocken oder Kinderstimmen und doch konnten sie nichts sehen oder gar mitfeiern, wenn dort Dorffeste waren.

Mich erinnern diese Bilder an meine Neuköllner Zeit nahe der Grenze zu Ostberlin. Wir hatten die Möglichkeit, von aufgestellten Hochstegen aus über die Mauer zu schauen, um das Leben der „anderen Deutschen“ zu erhaschen, was wir hin und wieder, wenn auch verschämt, taten.

21. Tag

Mit den eigenen Kräften haushalten und sich orientieren ist beim Laufen wichtig.

Heute Morgen nehme ich Kurs auf Neustadt an der Saale und lande in Mühlbach, einem kleinen Ort, wo ich gar nicht hinwollte. Ich freue mich aber über den Abstecher und erinnere mich, dass mein Ergotherapeut in Berlin hier aus diesem Ort kommt. Ich fotografiere für ihn den Dorfkern im Sommerlicht und mache ihm sogleich damit eine Freude über WhatsApp. Als Antwort schickt er mir Tipps und Anregungen und vor allem Dankbarkeit, dass ich an dem Ort seiner Wurzeln gelandet bin und ihn daran teilnehmen lasse.

Heute ist Sonntag. Viele Familien und Gruppen sind mit den Rädern unterwegs. Es gibt so gut wie keine Ausflugslokale und wenn, sind sie geschlossen oder leer. Die Menschen scheinen nach dem Radeln sofort wieder nach Hause zu gehen, statt sich hier in der Öffentlichkeit niederzulassen.

Ich rufe auf Empfehlung meiner Wirtin der vergangenen Nacht in Eußenhausen bei ihrer Cousine in Neustadt an der Saale an, um das Bett für heute Nacht klarzumachen. Eine freundliche Männerstimme empfängt mich, leitet mich weiter an die Frau des Hauses. Auch sie ist sehr freundlich

und bietet mir ein Zimmer an. Die Pension liegt außerhalb der Stadt, schon auf dem Weg nach Bad Kissingen.

Ich entspanne mich im Genusswandern, indem ich durch die immer mehr zunehmende spätsommerliche Landschaft im wahrsten Sinne des Wortes schlendere und ein wenig den fortschreitenden Tag darüber vergesse. Ich besichtige eine Biogasanlage, gehe Kuchen essen und später richtig essen, verlaufe mich nochmals ganz kräftig auf der Suche nach dem Vorort, da mein Internet mich im Stich lässt und mich in die Irre schickt, und komme nach elf Stunden auf den Beinen völlig lahm und erschöpft an, kurz bevor die Wirtin die Klingel abstellt, um schlafen zu gehen. Sie ist barsch, gibt mir aber gnädigerweise noch ein Zimmer. Mein rechter Fuß tut richtig weh. Hoffentlich ist er bis morgen entspannt, sonst muss ich über einen Ruhetag nachdenken.

Zum Thema des heutigen Verlaufens fällt mir beim Einschlafen die Geschichte ein: „Was ein Glück ist, kann auch ein Unglück sein.“ So war der erste Irrweg nach Mühlbach ein Genuss und die Suche nach meinem heutigen Bett am Ende eine große Qual.

Stadt der Alten und der Apotheken

22. Tag

Dass ich als Gehende so häufig Aufsehen errege,
finde ich kurios. Schließlich ist das Laufen
doch das Natürlichste auf der Welt.

Da mein Fuß immer noch tobt und Pause signalisiert, entscheide ich mich für einen Ruhetag und beschließe, mit der Bahn von Bad Neustadt nach Bad Kissingen zu fahren, um dort für einen Tag zu kuren.

Merkwürdige Stimmung in dieser Stadt. Ein runtergewirtschafteter Bahnhof mit High-Tech-Video-Service-Center. Die Innenstadt weit davon entfernt.

Ich werde von aufmerksamen Geschäftsleuten zur Taxifahrt eingeladen, lehne lachend ab, mit der Bemerkung, ich reise doch mit Rucksack und der Zug sei schon die Ausnahme gewesen. „Aber der Rucksack hat keine Räder“, war die Antwort der Einladenden, und ich erwidere: „Aber ich habe Füße.“ Sie akzeptieren meine Entscheidung, fahren mit dem Taxi in die Innenstadt und mein Rucksack und ich laufen mit aufrechtem Gang in das Zentrum von Bad Kissingen. Auch wenn mein schmerzender Fuß lieber mitgefahren wäre.

Vorbei an vielen Baustellen und Leerstand erreiche ich das Zentrum. Die Hochblüte dieses Kurortes scheint vorbei zu sein. Ich erinnere mich an 1967, da kurte meine Mutter hier und wir besuchten sie, zusammen mit unserem Vater.

Viele der Kurhäuser werden derzeit zu Stadtvillen umgerüstet, in denen hochpreisiges Wohnen vorgesehen ist. Die Zeit des Kurens scheint hier ihr Ende zu finden oder anderswo anders fortgeführt zu werden als in kleinen Organisationseinheiten.

Die Innenstadt empfängt mich mit einem Musiker, der auf einer „Hang“ wunderschöne Töne in die laue Luft schickt. Ich beginne dahinzuschmelzen.

Jede Menge Menschen von 60 und mehr Jahren begegnen mir (Stadt der Alten?) und an der Apotheke muss ich bereits vor dem Eingang Schlange stehen. Ich kaufe für meine 99-jährige Nachbarin Martha eine Ansichtskarte. Die wird sie besonders freuen, da sie Bad Kissingen vom früheren Kuren kennt.

Überall gibt es fränkische Spezialitäten, die bei mir eine große Vorfreude auf das Ankommen auslösen. Ich lasse mich für Zwiebelkuchen und Federweißer nieder und frage nach der vegetarischen Variante, die es natürlich nicht gibt. Ein Ehepaar aus Nilkheim bei Aschaffenburg nimmt am Tisch Platz. Der Mann ist hierher gefahren, um an dem jährlichen

Semestertreffen teilzunehmen und natürlich kommt seine Frau als Begleitung mit. Wir unterhalten uns und tauschen sanft unsere unterschiedlichen Positionen aus.

Er hat bei Bosch als Führungskraft gearbeitet, und für ihn ist diese Firma auch die „Beste der Welt", da das Unternehmen „humankapitalistisch" geführt wird, wie er sagt. Von wirtschaftlicher Mitbestimmung hält er allerdings nichts. Er akzeptiert jedoch, dass ich beruflich ArbeitnehmerInnen aufkläre und Sorge dafür trage, dass die Betriebsdemokratie wächst durch die Wahl der Betriebsräte. Doch wie soll das mit zahnlosen Betriebsräten funktionieren, für die er sich ausspricht?

Seine Frau ist von meinem Projekt, alleine unterwegs zu sein, sehr beeindruckt, doch sie könne sich solch eine Tour, wie ich sie mache, für sich so gar nicht vorstellen, merkt sie an.

Auch sie stellt die mir bekannten Fragen nach dem Spaß, nach der Gefährlichkeit usw. Ich stelle mir all diese Fragen an einen Autofahrer vor, der sicherlich zurückfragen würde, ob ich es damit ernst meine.

Das Recht der Selbstbestimmung, wozu auch die Bewegungsfreiheit gehört, ist in Deutschland nicht weitreichend umgesetzt. Viele kennen dieses Recht gar nicht und wenn, wollen oder können sie es nicht umsetzen. Ich bin überrascht, wie erstaunt man immer wieder auf mich reagiert. Für mich fast eine Selbstverständlichkeit und keine übergroße Herausforderung oder gar ein Abenteuer. Für viele eine exotische Aktion, die sie nicht kennen und für sich nie in Anspruch nehmen würden.

Ich verlasse die Innenstadt und somit auch das Kurambiente und begebe mich außerhalb des Zentrums in eine der Stadtvillen, um mein gebuchtes Zimmer zu beziehen und mich zu entspannen. Mein Fuß schmerzt immer noch, aber der Ruhetag und die Geleinlagen müssen es jetzt richten.

Da mein Zimmer über eine kleine Küche verfügt, raffe ich mich nochmal auf, gehe in den Biosupermarkt und freue mich eine Stunde später über ein leckeres selbstgekochtes Abendessen.

Eine Kollegin aus Urberach ruft an und lädt mich für nächste Woche zum Weinabend ein.

Das Ende meiner Tour wird immer sichtbarer.

Es wird immer fränkischer

23. Tag

Man gestaltet mit dem Körper einen eigenen Rhythmus und stellt eine Beziehung zur Zeit und zum Raum her, in dem man sich jeweils aufhält.

Der Schmerz von gestern ist vorbei. Wie angenehm ich Bad Kissingen verlasse. Ich muss nicht mehr durch die kommerzielle Stadt, sondern bin in wenigen Schritten in den Feldern und dann im Wald Richtung Hammelburg.

Der Weg führt mich lange durch den ruhigen vom Morgentau glitzernden Forst, durch kleinere und größere fränkische Dörfer, vorbei an Kuhherden sowie den typischen roten sandsteinfarbenen Burg- und Schlossruinen auf den überall vorzufindenden Hügeln.

Der rote Sandstein, sobald ich ihn sehe, egal wo ich bin, lässt mich an die ersten Jahre meines Lebens erinnern. Die Berghänge am Main, an denen ich oft vorbeigefahren bin, die Steinbrüche, in denen wir als Teenager unsere eigenen

Woodstock Festivals gefeiert haben und der rote Sand an den kleinen Stränden des Mainufers.

Häufig sehe ich in der Ferne die Türme der Dorfkirche, bevor ich die Orte erreiche. Das gibt mir Schwung und Kraft, tapfer weiterzulaufen, um diese Zwischenziele zu erreichen. Und immer wieder entlang der fränkischen Saale.

Ich mache eine Pause an einem gut geführten Imbiss direkt am Fluss. Einige Dorffrauen haben sich dort versammelt und genießen gemeinsam Kaffee und einen Morgenimbiss, bevor es mit den Alltagstätigkeiten weitergeht.

Ich sitze am Nachbartisch und lausche dem fränkischen Dialekt, der mir einerseits vertraut ist, den ich aber nie gesprochen habe, da meine Eltern keine Urunterfranken waren, sondern durch die Evakuierungspolitik des 2. Weltkrieges dort gelandet sind.

Dennoch verstehe ich die Worte, die von den Frauen in ihrem Gespräch genutzt werden, schnappe einige auf und notiere sie mit.

Gelump = Gesindel
gell = stimmts, habe ich recht?
a weng = ein wenig
net so = nicht so
die Leit = die Leute
dud dere gut = tut ihr gut
des Wärmelampe da = die Wärmelampe da
letztens = vor kurzem
Worscht und Brötle = Wurst und Brötchen
a bissel = ein wenig

hobt ihr koi Arbeet = habt ihr keine Arbeit?
rappelle = pinkeln
Krumbeere = Kartoffel
Öppelwoi = Apfelwein

Die Häuser verschachteln sich und verschieben sich ineinander. Die Straßen scheinen sie auseinanderzuhalten, sonst würden sie hier ganz zusammenwachsen, so wirkt es.

Es ist schwer, durch die verschlungenen Täler zu laufen und die Orientierung zu behalten, um in Hammelburg anzukommen. Aber dann bin ich da und die ersten fränkischen Weinberge begrüßen mich heute noch.

24. Tag

Wo sind die ruhigen Wege durch die Wälder, entlang an Flüssen und Seen? Warum ist hier alles so zerrupft? Ich scheine in Deutschlands dichtestem Straßennetz gelandet zu sein.

An der Fränkischen Saale entlang verlasse ich Hammelburg. Immer wieder suche ich neben den großen Bundesstraßen Wege, die angenehm zu laufen sind. Die wunderschönen Täler sind leider häufig durch die durchführenden Straßen sehr

zerrissen. Es gelingt mir – durch das immer enger werdende Verkehrsnetz – nicht immer, auf ruhigen und autofreien Wegen zu laufen, und leider werde ich immer wieder wie eine Zwergin an den Rand gedrängt, da die Autos und ihre Fahrerinnen und Fahrer mir höchstens ein Gnadenbrot einräumen, bis die Fußgängerampel von Grün auf Rot schaltet oder der Radweg endet und die Schonzeit dann vorbei ist.

Ich stelle mir die Frage, wie kann man die Autofahrer auf die Füße stellen, dass sie wieder die Erde unter ihren Schritten spüren. Ich gebe nicht auf und suche auf meiner Strecke immer wieder Alternativen in ruhiger, autofreier Landschaft, ohne ganz im Wald zu versacken.

Die inkonsequente Wegführung für Radfahrer und Fußgänger bringt mich auf die Palme, da ich dadurch immer wieder auf die Verkehrsstraße gelenkt werde, weil der Weg plötzlich zu Ende ist und manchmal erst einige 100 Meter weiter fortgesetzt wird.

Ein Mensch auf der Strecke sagt, das ist die ungeklärte Frage der Landkreise, wer für welches Gebiet „noch" oder „schon" zuständig sei. So erlebe ich es auch, als ich mir einen Weg aussuche, der auf meiner neuen Karte schon eingezeichnet ist, aber in Wirklichkeit noch gar nicht existiert und ich in einer Großbaustelle des Straßenbaus lande. Die dort tätigen Bauarbeiter schauen mich an, als käme ich von einem anderen Stern, als ich mit der Karte und Laufprogramm auf dem Smart Phone, zwischen Bagger und LKWs die Fortführung des Weges suche.

Ich muss mich viel durchs Gebüsch schlagen, eigene Wege suchen und genieße mein Mutterglück, das vor 28 Jahren begonnen hat. Nils hat heute Geburtstag und ich habe einen Feiertag. Freue mich, dass er nochmals auf die Strecke kommt und seinen Freund Biko mitbringt. Die beiden wollen mir in Unterfranken entgegenlaufen.

Erhaben wie eine Königin laufe ich auf einem Hochweg, von dem aus ich über das vor mir liegende Land mit all seinen Erhebungen sehen kann. Ich meine auf den Spessart zu schauen. Jetzt muss ich in der Bayrischen Rhön sein. Der Blick auf die Karte bestätigt meine Annahme.

Vorbei an einem Baumhaushotel auf Baumwipfelhöhe, schreite ich durch den freundlichen Septembertag. Manchmal fordert mich der inzwischen etwas kühl gewordene Wind auf, die Jacke anzuziehen. Manchmal sagt die Sonne: Weg mit der Jacke.

Ich spreche mit herzlichen Franken über Wege und finde nach wie vor am Ende meinen eigenen. Das bedeutet: langes Abwärtslaufen bis die Knie quietschen. Ich weiß, wenn ich unten im Tal angekommen bin, bin ich am Main und kann den Rest der Tour an meinem Heimatfluss verbringen. Die Strecke zieht sich und nochmals liegt eine Bundesstraße ohne Fuß- und Radweg vor mir. Ich kapituliere und nehme die letzten vier Kilometer den Bus, der mich zum Bahnhof nach Gemünden bringt, um dem Straßenverkehr zu entfliehen.

Morgen treffe ich dort meine Cousine Brigitte und dann geht es gemeinsam flussabwärts.

Vertraute Begrüssung am Main

25. Tag und 26. Tag

Ich laufe nach Franken, weil dies zu den Dingen gehört, die ich getan haben will.

„Unten essen, oben schlafen." Das fand ich in Gemünden direkt am Bahnhof. Und diesen Genuss hatte ich in den 80er Jahren im Elsass erlebt, wo wir mit einer Gruppe eine Fahrradtour machten und am Abend Gasthäuser fanden, die uns das bescherten.

Habe gestern Abend einen leckeren fränkischen Silvaner auf den Geburtstag meines Söhnchen getrunken.

Heute morgen, in der größten Kälte auf meiner Wanderung (es war gefühlt Frost), treffe ich Brigitte. Ich hatte mich sehr gefreut, als sie sagte, sie möchte auch auf meine Strecke kommen und mit mir eine Weile mitlaufen. Brigitte ließ mich den Treffpunkt entscheiden und so wünschte ich mir, dass wir uns an unserem Heimatfluss treffen und gemeinsam ein Stück das Maintal durchlaufen. So nahm sie am frühen

Morgen den Zug aus Aschaffenburg nach Gemünden und jetzt traben wir zwei Tage gemeinsam.

Wir laufen über die fränkische Saale an den Main. Romantisch, idyllisch, aber durchaus laut in diesen engen Tälern. Zwischendurch immer wieder Plätze zum Rasten und zum Beine erfrischen, zum Beispiel in einer Kneipanlage.

In Rothenfels, der angeblich ältesten und denkmalgeschützten Stadt Bayerns, finden wir einen Gasthof mit einem eigenwilligen und etwas seltsamen Wirt, der uns zum Bleiben einlädt. Heute sind wir 29 Kilometer gelaufen. Bei einem frischen „Main-Zander“ und Fränkischem Weißwein in einer Uralt-Kneipe mit 300 Jahre alten Butzenscheiben lassen wir den Tag ausklingen und nehmen auf Wunsch des Wirtes unser letztes Glas mit auf unser Zimmer, damit er kurz nach Einbruch der Dunkelheit schon mal das Licht in der Gaststätte ausknipsen kann.

Am nächsten Morgen geht es weiter mainabwärts.

Wir finden eine Bäckerei, die noch sehr handwerklich produziert, genießen Kaffee und Gebäck und decken uns für den Tag mit belegten Broten ein.

Es geht entlang der Mainschleifen weiter Richtung Wertheim. Die Auenlandschaften rechts und links des Mainufers gestalten sich sehr unterschiedlich. Manches Mal präsentieren sie sich sehr ursprünglich mit saftigen Wiesen und kleinen Biotopen.

Auch ist die Spätsommerblüte in der Mainlandschaft angekommen. Blaue Felder von blühenden Futterpflanzen wechseln sich ab mit gelben Rapsfeldern, die ihre Schönheit nochmals zeigen.

An den Hängen des Spessarts, der sich bis ins Maintal zieht, sieht man die Weinberge auf sandsteinrotem Felsen, und auf der anderen Seite des Mains präsentiert sich der Odenwald, der eine andere Weite erahnen lässt.

Um fünf Kilometer Strecke zu sparen, verlassen wir kurz den Main und ziehen durch Wald und Feld weiter Richtung Wertheim. So sparen wir einige Mainschleifen. Wir sehen den Fluss aus der Ferne und aus einer anderen Perspektive. Letztendlich werden wir wieder an den Fluss zurückgeleitet und erreichen den Bahnhof Wertheim so rechtzeitig, dass wir noch ein Abschiedsradler zu uns nehmen können, bevor Brigitte den Zug nach Aschaffenburg bekommt und ich mich ein letztes Mal alleine auf Zimmersuche begebe.

Morgen warten die letzten 29 Kilometer auf mich und dann bin ich da.

In einem netten kleinen Hotel, direkt am Main und in der Nähe des Taubertals, mit Blick auf die Burg der Stadt finde ich letztmalig ein gemütliches Zimmerchen.

Endspurt

27. Tag

Das ist die Tour meines Lebens und
vielleicht mache ich so etwas nie wieder.
Deshalb will ich jeden Schritt genießen und mich
mit allen freuen, die daran teilgenommen haben.

Ich irre gleich am Anfang meiner letzten Etappe im Industriegebiet von Wertheim herum, da ich den Trampelpfad zu dieser verdammten Fußgängerbrücke über den Main nicht finde.

Doch dann ist sie endlich da, die Brücke über den Main. Ein Mopedfahrer nervt, da er sich auch über den hautengen Steg über den Fluss bewegen will, um eine Abkürzung zu nehmen, statt über die Autobrücke einige Kilometer weiter zu fahren. Dabei werde ich mit meinem Rucksack an das Steggeländer gedrückt. Mir wird ganz mulmig dabei. Hätte am liebsten wieder mit meinen Nordic Walking Stöcken gefuchtelt, aber die stecken eingeklappt in der Seitentasche meines Rucksacks. Endlich ist auch dieses Manöver vorbei und ich kann den Main ohne lästige Motorengeräusche und ohne weitere Gefahr überqueren.

Auf dem Maintalweg angekommen, klingelt das Handy und Lothar, mein Schwager, ruft mich an. Er hat den eisernen Willen, mit mir den heutigen Tag zu gehen, obwohl es ihm gesundheitlich gar nicht gut geht und er sich sehr kraftlos fühlt. Er lässt sich von meiner Schwester auf die Strecke bringen und dann haben wir noch gemeinsame 25 Kilometer. Ich freue mich.

Wir lachen, laufen, quatschen und genießen den aus meiner Perspektive schönsten Streckenabschnitt gemeinsam. An einem kleinen Garten in den Mainauen finde ich ein kleines Schild am Gartenzaun auf dem steht: „*Das schönste Fleckchen auf der Erde ist zwischen Bürgstadt und Werthe*." Werthe ist dort bei den Mainfranken die Abkürzung von Wertheim.

Wir machen Stopp an einem Biergarten am Main, und am Nachmittag, nachdem wir die Mainseite nochmals gewechselt haben, kommen von der anderen Seite drei Punkte auf uns zu gelaufen, die immer größer werden.

Ich erkenne meinen Sohn, der mir wie vor 25 Jahren in die Arme rennt. Meine Schwester ist dabei sowie Biko, ein Kinderfreund von Nils aus Berlin, den ich ebenfalls seit 22 Jahren kenne. Die allerletzten Kilometer machen wir gemeinsam. Ich bin sehr glücklich, so empfangen zu werden, wunschlos glücklich, und das ist kein Spruch, sondern ein ganz tiefes Gefühl.

Das Haus von meinem Schwager und meiner Schwester begrüßt mich mit einem großen Willkommensplakat, das

Nils und Biko mir zu Ehren gebastelt haben. Es finden sich weitere große und kleine Familienmitglieder ein und ich werde gefeiert wie eine Olympiasiegerin.

Erstmal keine Wanderschuhe mehr, sage ich, als ich das 27. Mal aus den verschwitzten Schuhen steige, um den Tag zu beenden. Doch am nächsten Tag wollen alle auf die nahe gelegene Freudenburg. Also ziehe ich die Schuhe wieder an, um nicht alleine zu Hause bleiben zu müssen.

Und dann kommt letztmalig Besuch auf die Strecke bzw. Ankunftsstation. Gerd und Dörte, meine langjährigen Freunde, kommen aus Kassel angeradelt, um mit mir ein wenig Frankenluft zu schnuppern. Wir verbringen einen Abend in der Hecke, wie man hier sagt – gemeint ist die „private Gaststätte bei einem Winzer“ – und schauen uns am nächsten Tag das nahegelegene mittelalterliche Miltenberg an. In einer sehr engen Gasse der Altstadt, fast nur eine Spalte zwischen den Häusern, trinken wir noch einen gemeinsamen Federweißen, der den Herbst schon ankündigt, und dann radeln die beiden im strömenden Regen zurück Richtung Kassel.

Beim Einschlafen halte ich Rückschau auf das Vergangene und stelle mir die Frage, welchen Wert diese Tour für mich hatte. Ich wollte Land und Leute kennen lernen sowie meine Lebensräume miteinander verbinden. Ich tat es dem Wanderfisch gleich, der in bestimmten Entwicklungsstadien seinen Herkunftsort aufsucht.

Dieser Traum ist erfüllt. Das Selbstbewusstsein ist geblieben, dass ich das geschafft habe, was ich mir vorgenommen hatte. Darin liegt für mich ein großer Wert.

Ich habe Platz für neue Träume.

Und noch eine Etappe

Diese Wanderung ist ein so großer Schatz von Augenblicken, dass ich immer wieder davon zehren werde. Meine Tour nach Franken hat mich bereichert.

Halt stopp, mein Ziel ist ja noch 18 Kilometer weiter mainabwärts und heißt Röllfeld. Da will ich heute hinlaufen. Nils hat sich schon verabschiedet und die anderen sind zwischenzeitlich auch alle wieder an ihren Plätzen.

Ich laufe alleine in mein Heimatdorf, so wie ich die meiste Zeit auf der Strecke alleine war. Einsam bin ich jedoch nicht dabei. Ich bin mit meinen Kindheitserinnerungen beschäftigt, je mehr ich mich diesem Dorf nähere.

Hier bin ich groß geworden, nachdem ich fünf Kilometer weiter das Licht der Welt in Großheubach, in einem Heim für katholische Nonnen, erblickt hatte.

Röllfeld wurde erstmals um das Jahr 1000 als Rochivelt erwähnt. Welche Bedeutung Rochivelt hat, konnte ich nicht ermitteln. Eine andere Überlieferung ist die Bezeichnung des Ortes als „Geröllfeld“. Für diese Bezeichnung gibt es folgende Erklärung: Ein Bach aus dem hinteren Teil des Spessarts, Richtung Main bewegend, transportierte viele Steine mit sich, die sich vor der Mündung in den Main ablagerten.

Den Röllfeldern gab man den Namen Sandhasen, da sie auf sandigem Untergrund in den Mainauen lebten.

Ich werde durch mein Smart Phone ganz umständlich durch das neue Wegenetz auf die etwas unvertrautere Mainseite gelenkt, die ich mir heute erobern möchte.

Die andere Seite des Mains, die Strecke Großheubach/Röllfeld ist mir vertraut wie meine Hosentasche. Wie oft habe ich auf vielen Wanderungen meines Lebens gesagt, wenn ich müde wurde und noch fünf Kilometer laufen musste, dass das gar nicht mehr schlimm sei, da ich nur noch von Großheubach nach Röllfeld laufen muss. Das war und ist eine große Selbstmotivationsmethode, soweit ich zurückdenken kann. Möglicherweise hat unser Vater uns bereits damit motiviert, um die letzten Kilometer einer Tagestour noch zu schaffen.

Erinnerungen werden stärker, je näher ich an mein eigentliches Heimatdorf komme. Die Weinberge auf der Spessartseite, die Sandbänke am Fluss, die auch die Kinder meiner Schwester und mein Sohn für sich entdeckt hatten. Erinnerungen an das Schwimmenlernen im Main, an die Trauerweiden am Ufer des Mains, deren Zweige uns auf den Fluss hinausschaukelten und an die Schiffsschrauben der großen Mainschiffe, vor deren starkem Sog wir Kinder Angst hatten, dass sie uns in die Mitte des Gewässers ziehen.

Die Zeit vor 55 Jahren ist zurückgekommen, während ich hier voranschreite. Dann Lautenbach auf der anderen Mainseite. Der Junge Didi, der extra über den Main schwamm, um mich zu treffen. Didi konnte wunderschön pfeifen und aufregend küssen. Eine ältere Freundin hatte mich damals aufs Küssen vorbereitet, indem sie mir ihre Erfahrungen erzählte.

Ich laufe vorbei an dem Grübinger Friedhof aus dem 14. Jahrhundert, der vor den Toren Röllfelds während der Pestzeit angelegt wurde. Soweit ich zurückdenken kann, war dieser Ort eine geheimnisvolle Ruine, die von der sich immer wieder durchsetzenden Natur fast verschlungen war.

Der Arbeitsort unseres Vaters, die Kiesgrube, der Friedhof, Ort unseres Familiengrabes, die Industriestraße, Susannes Haus, das Pfädchen, das Haus von Friedchen, meiner allerersten Friseurin, die Trampelpfade durch die Schrebergärten, die Dorfschule, das Elterngrundstück und dann der Besuch bei Annette, meiner großen Ersatzschwester aus der Nachbarschaft.

Wir haben uns viel zu sagen. Es wird spät und schnell geht es nochmals zwei Kilometer zum Klingenberger Bahnhof. Der letzte Zug nach Miltenberg soll pünktlich abfahren. Durch die Zweiggasse, vorbei am Gasthof Knolle, wo wir in der Milchkanne hin und wieder selbstgemachte Leberknödeln holten, die Lackfabrik und Klingenberg, das berühmte Rotweinstädtchen, einen Kilometer von unserem Dorf entfernt, und schon bin ich da am Bahnhof meiner Kindheit. Wie oft ich wohl hier abgefahren und angekommen bin?

Tausend Dank für eure Unterstützung und euer Interesse an meinem Buch

Ganz lieben Dank an Alle, die meine Wanderidee gut fanden und mich dabei unterstützt haben sie umzusetzen. Insbesondere bedanke ich mich bei allen, die mich auf der Strecke besucht haben.

Das war mein lieber Schatz Jürgen, der die erforderliche Starthilfe gab, indem er mich so nett auf die Strecke gebracht hat.

Und Johannes, der keine Mühe scheute, mich ein Stückchen weiter in mein Vorhaben wachsen zu lassen, durch seinen Tagesbesuch aus Berlin.

Vielen Dank auch an meinen lieben Sohn Nils, der mich gleich zwei Mal besuchte und mir auch immer das Gefühl gegeben hat, dass er als Feuerwehr agieren wird, wann immer es nötig ist.

Danke auch an Biko, Nils Freund, der sehr kreativ und liebevoll den Empfang in Franken mit vorbereitet hat.

Bei Sabine, mit der ich das veränderte Leipzig besuchte, möchte ich mich bedanken für diesen Tag und auch für ihre Hilfe bei der Aufbereitung meiner Fotos für das Buch.

Gefreut hat mich auch der Besuch meiner Cousine Brigitte, gleich bei der Ankunft an meinem Heimatfluss, dem Main.

Für das offene Haus bei meiner Schwester Gunda und meinem Schwager Lothar, der damals noch lebte, empfinde ich tiefe Dankbarkeit. Auch für die Bereitschaft, meine Freunde Gerd und Dörte aufzunehmen, als sie mich in Franken am Ende der Tour mit dem Fahrrad besuchten. Dafür auch ein Dankeschön.

Lieben Dank auch an alle Anderen, die mich durch kleine Nachfragen über WhatsApp und Telefon auf meiner Tour begleitet haben.

Iris van Beek gilt an dieser Stelle ein besonderer Dank, da sie ohne zu zögern bereit war, mit mir das Buch zu veröffentlichen und sie die erste war, die sich aufgrund dieser Geschichte motiviert fühlte, mit dem Rucksack das Land zu durchqueren.

Und natürlich auch vielen Dank an all die Leserinnen und Leser dieses Buches, speziell für euer Vertrauen, in dem Wanderfisch eine Idee für euch zu finden.

Über die Autorin

Zu Fuß von Berlin nach Unterfranken – das wollte ich schon seit Jahren.

Dann haben mir Andere vorgemacht, wie es geht, die Geflüchteten auf ihrem Protestmarsch von Würzburg nach Berlin, um in der Regierungsstadt auf ihre Situation aufmerksam zu machen. Und ich war nicht dabei, um zu helfen, zu begleiten und gleichzeitig meine Lebensräume Unterfranken und Berlin miteinander zu verbinden.

Vier Jahre später, kurz nach meinem 62. Geburtstag, schaffte ich es dann alleine loszulaufen, und zwar von Berlin nach Würzburg und noch etwas weiter mainabwärts bis zu meinem Geburtsort.

Ein Protestmarsch ist es nicht geworden. Eher eine Tour für mich selbst, mit mir selbst, um zu spüren, wie elementar das Laufen als selbstbestimmte Fortbewegung ist.

Angst hatte ich nie, denn zwischen Himmel und Erde fühlte ich mich stets gut aufgehoben. Einsam war ich auf meiner Tour davor und danach auch nicht. Ich war zwar viel alleine, aber immer gab es Möglichkeiten, auf Andere zuzugehen und Kontakte zu knüpfen.

Es ist eine Tour mit vielerlei Botschaften geworden. Sich auf den Weg machen, um seine Lebensräume zu verbinden und zu leben nach dem Motto „Schuhe an, Rucksack auf und los". Gleich dem Wanderfisch, der in bestimmten Evolutionsphasen seines Lebens seinen Herkunftsort sucht und dann wieder in den selbstgewählten Lebensraum zurückkehrt.

Ferner auch die Botschaft, wieder den Boden unter den Füßen zu spüren, um mit eigener Kraft voranzukommen.

ISBN 978-3-7529-7377-8
9 783752 973778 00002
www.epubli.de